AF607092
AVERSO

LA MUJER DE ESPARTO

JUAN MANUEL NAVARRO ALFARO

Número 57 de la Colección **PERVERSA**

La mujer de esparto

Edición al cuidado de Averso Poesía
www.aversopoesia.com

Segunda edición: febrero de 2026
ISBN: 979-13-990991-6-4
Depósito Legal: GR 63-2026

Impreso en España - *Printed in Spain*

El papel utilizado para la impresión de este libro está calificado como papel ecológico y procede de bosques gestionados de manera sostenible.

LA MUJER DE ESPARTO

JUAN MANUEL NAVARRO ALFARO

Prólogo de Antonio Enrique

Dedicatoria:

A todas las mujeres que lucháis por seguir viviendo.
A todas las que os enfrentáis a las garras del cáncer.
A todas las que están y todas las que se fueron.
A todas las asociaciones que luchan por la mujer.
A todas y todos los trabajadores del Hospital de Manacor por hacer que este se haya convertido en un templo de humanidad.
Gracias a todos sus trabajadores por su esfuerzo y dedicación.

PRÓLOGO

Él miraba de manera diferente. Te los encontrabas en el aula, a primera hora de la mañana, clase de literatura. Pero él miraba de manera diferente. Muchachos de toda la comarca. Chicos y chicas. Recién trasladados desde sus pueblos y aldeas, cortijadas remotas. Váyase a saber. Este miraba diferente. Todos relimpios. Este era diferente. Los ojos redondos, tenía un aura especial. La que confiere el amor por la lectura. Devolvía el ánimo al profesor. ¿Qué, que tú también lees? Y me devolvía la sonrisa, en aquella complicidad. Navarro Alfaro, Juan Manuel. Y es que hoy le tocaba el turno al infante don Juan Manuel. El silencio era completo, total. En uno de sus cuentos, a uno que iba por la calle a sus afanes se le ocurre entrar en el tenducho de un zapatero y la emprende con el artesano a fuerza de espadazos contra los zapatos que este estaba reparando. Lo dejo ahí. Y Navarro Alfaro lo dice: es que el zapatero lo que estaba cantando lo hacía mal, y el viandante, al oírlo y ser él el autor de la cantilena, se consideró en el derecho de arremeter contra los zapatos, borceguíes o pantuflos. Así fue, un día cualquiera.

Juan Manuel fue amigo mío, a pesar de discípulo. Lo fue también del prologuista de su anterior libro, *El afilador de estrellas* (2024), el maestro Fernando de Villena. En aquellos años del pasado siglo, años 80, final de década, nos lo llevábamos con nosotros en nuestras correrías nocturnas por Guadix. Era muy discreto, pero tenía un punto juvenil de locura. Lo estoy viendo sobre el tejado del palacio de Peñaflor, como quien está a la pesca de estrellas. Su libro tal vez empezó aquí. Y es esto: un muchacho corpulento, unos ojos redondos, el tejado de un palacio en ruinas y un cielo abierto cuajado de estrellas. Este muchacho procedía de Pedro Martínez. Y en este palacio se alojaba Cervantes en sus idas a Guadix, como alcabalero al que no le salían las cuentas. Claro, que en este bellísimo palacio vivía don Lope de Figueroa, que había sido su superior jerárquico en Lepanto, y entretenía sus ocios ahora cazando patos haciéndose llevar en un palanquín. El genio lo tenía avispado aquel señor, y es de imaginar que ambos recreasen su mirada desde el balcón más bello de Andalucía. A Juan Manuel un día le recordé que Pedro Martínez, homónimo de su lugar de origen, presta nombre en el *Quijote* al oficial de cuadrilleros a cargo de la ristra de galeotes de la nunca bien ponderada historia del inmortal hidalgo, y que uno es el otro. No lo parece, porque el uno, residente en Guadix, sepultado está en un convento de franciscanos, y el otro váyase a saber.

Juan Manuel Navarro es muy dado a hurgar en papelotes historiados de su pueblo Pedro Martínez, y a cosas de morería y judaizantes, y es como los sabuesos, que no suelta la prenda de sus indagaciones así halla el indicio.

Estas tierras de su nacencia son dilatadas y casi despobladas. Juanma se las sabe al dedillo. Desde un altozano se divisan en lontananza. Está en una crencha del territorio el paraje de Fuente Caldera y La Máquina, donde se trabajaba el esparto que sometían a un largo proceso para su exportación, propiedad de los marqueses de Heredia y antes aún los Fernández de Córdoba; y en otra de estas crenchas se asienta Cañada Hermosa, por donde la mirada se esparce como por una pequeña provincia. Son tierras de señorío, colonos y realengo la mayoría, con sus deslindes y lomazos sin fin, dehesas y sembradíos. Se pregunta uno quiénes vivieron aquí, sometidos a tan extenuantes trabajos. Quiénes doblaron el espinazo. Gentes sencillas, laboriosas y, en estas soledades, en extremo hospitalarias. Una primera placenta, moriscos locales, pero luego población de colonizaciones diversas. De aquel asentamiento morisco poco o nada queda. Hacendados locales, el conflicto de la propiedad que trajeron consigo las dichas tierras realengas frente a los bienes comunales de tenencia municipal, con sus pleitos de nunca acabar, curiales y escribanos. Pero es que aun más allá avistamos la cortijada de los Uleilas, que lo fueron de los duques de Gor, por donde discurren los aledaños del Cerro de la Horca. Todo ello conforma el sustrato, no solo el paisaje humano, sino emocional, esto es la manera de ser, de nuestro autor.

El afilador de estrellas…, ¿qué quería decirme? Se trata de un libro que prende. Un poemario poco o nada habitual en su promoción literaria. Gran lector, eso se da por sabido: una lectura provechosa. E independiente, esto es importante. Por lo pronto, y yendo al título que lo acoge, el poeta mira a las estrellas. Yo mismo vine a decirle un día que uno de los mejores cerebros de su época, Immanuel Kant, nos dejó dicho que de lo único que estaba seguro es de la belleza del cielo estrellado. Su única certidumbre no eran los axiomas, no lo constituían las verdades de los conceptos, no, esto no, a la hora de la muerte lo que cuenta es lo inamovible. Lo que el propio instinto suministra. La belleza del cielo estrellado existe y es una verdad a priori. Pensemos en un momento en el maestro León. Cuántas cosas podríamos decir de ello los castellanohablantes. Aquel siglo XVI fue el de la noche, la noche oscura, la de Otumba, la del Greco, la layla al gabd de la Mora de Úbeda, la noche serena, la noche que es día, la noche interior. Es una noche interior la que nos planteaba este muchacho en su libro. Pero una noche de sufrimiento. Su noche en hospitales, por ejemplo.

Este es su oficio, de celador, con el que se gana el pan de cada día. Un atroz sufrimiento humano la fuerza motriz a la que se acoge. Sus noches de guardia, en el sopor de las altas horas. Porque a él le tocaron aquellos días en que paró el mundo. Pero el cielo estrellado era el mismo. Impasible el universo ejerce su danza, inmune al sufrimiento. Esa metáfora que es la del afilador de estrellas campando por las praderas celestiales nutre una manera de ser que es la del contemplador de cómo se viene la muerte, tan callando. Todo para nada. ¿Para nada?

Cinco partes vertebran este nuevo poemario que lleva por título *La mujer de esparto*. Le he pedido que me las desglose. «El tiempo se detiene» es el epígrafe de la primera. Se centra en los decisivos instantes en que el paciente siente su vida entre paréntesis. El enfermo lo sabe ya, que está tocado de muerte. Todo cambia de color. Parece que sí: la vida otorga otra oportunidad. ¿Por qué a él o ella y no a los demás? A partir de entonces, se siente distinto a los demás. Y es en muchos casos cuando percibe un ansia de regeneración: convertirse, en fin, en un ejemplo para quienes le rodean. «El alma herida» es el título de la segunda. Sabe que va a morir, y siente el alma a semejanza de una cremallera rota, volcando lo que contenía y sujetaba. Y es entonces cuando muestra su interior como verdaderamente era, sin tapujos, sin filtros. «Volver a construirse» es la tercera, centro vertebral del poemario; en ella, sobre ella, gravita su potestad dramática. Ya no implora, acata una voluntad que estaba fuera de él o ella y es un designio superior. Ahora se trata del andamiaje de un ámbito distinto: alzar una catedral interior. E irrumpe Dios en esta malaventura de la vida. Y con la presencia de lo divino, lo que nuestros místicos predijeron del concepto de la noche: la duda, el misterio de la incertidumbre. Por eso, la cuarta ha de ser «Crisálida». Aletargada el alma ha de optar entre la tribulación y la esperanza. Se trata de un tiempo de espera. Se opone el miedo. El miedo es el resorte sensorial más poderoso que existe. Es súbito y todo lo arrastra con la fuerza de un tifón. Esencialmente, el enfermo es un ser atribulado. La mariposa latente está en la crisálida, en la ninfa remota de la genealogía, ser, convertirse en lo que ha sido siempre, al confín del dolor. Y hay quien, en este duelo entre la voluntad y el vencimiento, opta por entregarse a la luz de cada día, elige la gratitud de vivir. La parte quinta, por tanto, ha de ser para la «Alegría», el encuentro con la más íntima mismidad, la aceptación sin paliativos, ser un viviente en otra dimensión o por el contrario un muriente, esto es un agonizante en vida; de las dos maneras se puede hallar la alegría, la de vivir trascendentemente o la de haber vivido sin reproche y con conmiseración.

Después de todo, amigos, la muerte supone el fin de la soledad. Porque el verdadero sino como vivientes, el tormento impetuoso como seres humanos *in hac lacrimarum valle*, fue la soledad. El miedo es a la soledad. El miedo es a quedarse solos y desasistidos en la soledad del cosmos. «Muriendo, muerte en vida la has trocado», dijeron los ascetas del Siglo de Oro. Y de algo supremo podemos estar ciertos e imbuidos: donde vayamos a parar en el trance de la agonía, almas amadas vienen a recogernos, almas de amigos, frecuentemente almas de familiares. Porque es esto, o nada. Y la nada es el único imposible en las leyes del cosmos. Nada nada es. La nada no es, no existe. Todo está poblado de energía en el mundo subatómico de la materia sutil. Ahora, sí, la vida recomienza en otro plano. Se acabó la soledad al expirar. Se acabó la tristeza inalienable. Vienen a por nosotros. No estamos solos un minuto más.

Todo esto, y más, subyace, prevalece en el monto de la mayor parte de estos poemas. En cada uno de ellos campa, o cuanto menos prevalece, esta filosofía del desprendimiento. Estamos hechos de soledad, pero también luz, en nuestro paso terrenal por este mundo. Y sí, saltan las lágrimas de saber que te están aguardando, que en realidad existen almas que te han amado siempre y que ahora, en el trance definitivo, esto es en el tránsito al otro lado del silencio, te acogen. También esta es la ley de Dios, se sea o no creyente. Es, constituye, el universo de la misericordia.

La mujer de esparto es un libro copioso, que avanza hacia adentro y hacia arriba. No se distrae, va a lo que ha de ir. En mi recuerdo están las noches en las que la proximidad con los enfermos llenaba de humanidad al autor. Le hacía enfermar en aquellas jornadas de pandemia, cuando rebasado ni sabía ya qué hacer. Y se manifestaba, consternado. Y doliente, inconsolable.

Y fue testigo de excepción de ese territorio entre la vida y la muerte. ¿Qué decir ante un pecho sufriente por el avance de su enfermedad? ¿Qué del destajo del cuerpo humano derrotado por el abismo de los contagios ni del desfile infausto de finados hacia la morgue? ¿Qué decir, en fin, ante la tristeza severa de saber que hoy es tu último día, y que esos pájaros no los vas a escuchar más, y que ya no puedes hacer más, ni menos, por quienes aquí se quedan? ¿Qué es eso, tu última primavera?

Hoy la ciencia designa tales vivencias como «Experiencias Cercanas a la Muerte» (ECM). Y señalan las fases del tránsito a la otra vida como un intento de traspasar la dimensión que nos sujeta a la presente. Por alguna misteriosa razón, constatada por la ciencia a través de miles de casos estadísticos, algunas almas no pueden traspasar el umbral hacia la luz de guía y han de regresar a este mundo, tal vez porque su misión no estaba cumplida o realizada. Estos pacientes en verdad observan un comportamiento distinto al habitual. Hay en ellos y en ellas una predisposición a la misericordia que resulta inexplicable a la lógica mundana. Este libro no es solo un libro, porque se interna más allá de los paradigmas estéticos propios de la retórica tradicionalmente literaria. Y es así porque el primero que ha sido transformado es el autor.

Se trata, así pues, de poemas conformados por una geometría versal silogística: plantea, desvela, concluye. En la mayoría del cuajo argumental de cada poema nos encontramos con este procedimiento. Es que esta materia es así. El pensamiento es así, y el sentimiento. Pero cada poema es una sorpresa. El arte de mirar. Al fin se reduce a esto.

De *El afilador de estrellas*, su libro precedente, resalté su humanidad, antes que ningún otro rasgo. De este otro cabe destacar el de la solidaridad en la vida y en la muerte. Esos ojos que me miraban en el aula, a primera hora de la mañana, indagando en la literatura el sentido de la vida. Entre aquel muchacho estudiante y el hoy autor de otros textos en diversos géneros lo que hay es un hombre afligido por el dolor de los enfermos; lo que hay, en suma, es su voz quebrada ante los pacientes, pacientes ellas de cáncer de pecho entre otras muchas dolencias; lo que hay, y está, es su tristeza inacabable. Símbolo de todo ello es esa mujer de esparto que se eleva y yergue desde el humus de aquellas tierras ancestrales de parajes insólitos como Fuente Caldera. El esparto, el esparto... El esparto, que va secándose y daña las manos de quienes lo cosechan, y ahí las ves, en la rigidez de sus articulaciones. Una mujer con vísceras encharcadas, símbolo de quienes cada día mueren en el más atroz anonimato. Existió, como arquetipo de las mujeres que trabajan duro, trabajan y sufren, y dan la vida y la crean. Existió y habita ya para siempre en el trasfondo de esos poemas que indagan en lo insondable.

Antonio Enrique

PREÁMBULO

El cáncer llega a nuestra vida como un terremoto: de golpe, sin avisar, sacudiéndolo todo y en ocasiones también destruyéndolo todo.

El epicentro del terremoto es la persona enferma, que lo sufre en toda su virulencia, y el efecto en los familiares y amigos va disminuyendo según la cercanía emocional y afectiva a la persona afectada.

A mi familia nos ha tocado en dos ocasiones:

La primera afectó a mi madre, y sus consecuencias a largo plazo fueron devastadoras. Desde el primer momento sabíamos que no había posibilidad de curación, que a pesar de que era un cáncer con buena respuesta al tratamiento siempre recidivaría y al final acabaría con su vida.

En total fueron ocho años de lucha continua. El diagnóstico inicial fue la sacudida más fuerte, que cambió su (nuestra) vida, que a partir de aquel momento estaría marcada por tratamientos de quimioterapia, radioterapia y múltiples pruebas médicas. El sentimiento inicial tras el diagnóstico fue de certeza y miedo frente a una enfermedad cuya evolución ya presuponíamos desfavorable, con muchos momentos de desesperación y tristeza, pero también con otros de esperanza y alegría.

Tras la primera sacudida, y después de un periodo de reconstrucción física y emocional, vinieron nuevas réplicas, cada una más destructiva que la anterior, porque afectaba a una persona (familia) cada vez más debilitada. Los periodos libres de enfermedad cada vez eran más cortos y la recuperación postratamiento cada vez más difícil. Hasta que llegó la última réplica, a los ocho años de la sacudida inicial, y en esta última réplica la destrucción fue total.

En la segunda ocasión el afectado fui yo mismo, pero esta vez el proceso ha sido muy distinto. Tuve la suerte de que el tumor se diagnosticó en una fase inicial, con altas posibilidades de curación. Además, fue un tipo de tumor que yo, como cirujano del aparato digestivo, trato con frecuencia, y por lo tanto era conocedor de las posibilidades de tratamiento y los porcentajes de curación en cada caso.

Gracias a esto, la sacudida inicial fue más leve. Pero el daño que provocó en mi cuerpo también ha sido importante, con complicaciones del tratamiento que han condicionado mi vida y la de mi familia.

La fase de reconstrucción ha sido larga y compleja y además no he conseguido una reparación total, pero poco a poco he aceptado mi nueva normalidad y he podido recuperar una vida prácticamente normal, incorporándome al trabajo y reiniciando mis actividades de ocio.

Cada caso y cada paciente es distinto y afronta esta situación de una forma diferente, y por eso debemos analizar e individualizar cada caso. El médico debe proporcionar al paciente toda la información posible para decidir de forma conjunta el tratamiento a seguir, con el objetivo de proporcionar una mayor esperanza de vida con la mayor calidad posible, y el paciente debe empoderarse y tomar parte activa en la toma de decisiones respecto a todo el proceso.

Eduard Gifre Casadevall
Jefe de la Unidad de Cirugía del Hospital de Manacor

LA MUJER DE ESPARTO

I

EL TIEMPO SE DETIENE

I. La mujer de esparto

«¡No vengas!
Detente,
cierra la ventana
con rama de sueños
y sueños de ramas».
FEDERICO GARCÍA LORCA

A Carmen Corraliza, por su eterna lucha

I

Escuchas en la noche
la nostalgia de un blues
que te mece.
Aprietas los dientes
mordiendo el alma
que vuela.
Abres las velas
de los sueños,
el viento sopla.
¿Lo sientes en tu mejilla?
La ensoñación te lleva a viajes
lejanos donde el alma transita
sobre prados de jazmines secos
y sin olor.
Sudas.
Sientes el calor del infierno.
Rezas.

Intentas alcanzar con tus dedos
los dedos del Creador.
Le suplicas,
quieres coger su mano.
No volver.
Lo aprietas.
Quieres quedarte a su costado.
Te suelta.
Tu hueco aún no está abierto.

II

Empapada de pensamientos
tu cama se inunda.
Tu piel
parece haber surgido de un naufragio.
Te buscas.
Te atormentas.
No quieres estar.
El alma se trenza
en pensamientos profundos.
¿Qué será de todo
si una noche naufragas y no vuelves?
Abres la puerta, la cruzas,
una ráfaga de aire mueve
lo que queda de tu cabello.
Respiras.
Tiemblas junto a las personas
que buscan una razón para
dejar de ver la sepultura que

dibujas en tu rostro.
La mudanza que tu vida ha sufrido
siente en tus ojos el eco
de quien vuelve, perdido.
Todos saben de tu tristeza.
Sonríen al verte
y te abrazan,
como la corteza a un árbol.
Saben que la enfermedad
hay que vencerla con amor.
El amor lo salva todo.

III

Te vistes, te miras al espejo.
No te reconoces.
Te inundas.
Vuelves a buscarte,
siempre en tu soledad.
Bajas las escaleras,
respiras la calle.

La vida te da una bofetada
de alegría.
Sonríes a los vecinos.
Tomas un café.
Acaricias por un momento
el leve estado de quien eres.
Ahora sabes
que nunca serás quien fuiste.

Besas la brisa que los ángeles
desparraman en el aire
que te inunda.
Nunca
nada
quebrará
tu fuerza
ni traspasará el aliento
que, de amor,
casi te ahoga.

II. El alma no tiene pezones

El alma tiene olor
al luto que el aire
pudre y secretos
que la muerte derrumba.
Se entrega desnuda
en la oscuridad
que, hambrienta,
te viste con pétalos
de hojas marchitas.
El alma huele a aire.
Transparente.
Y tiene un sabor
a sal y tristeza.
El alma no tiene pezones.
Una tierra oscura los guarda.
El alma tiene la
forma de tu vida,
el sabor de tu boca.

III. Llegaste al mismo sitio

Llegaste al mismo sitio
después de pretender
adelantar los días
y hacerte mayor,
antes de tiempo.
Anidaste el lugar donde
se fabrican las horas
como si fueran años.
El destino esculpió
lágrimas
sin lengua ni palabras,
en tu vida.
Nadie puede fabricar el tiempo.

IV. Carta de un marido a su esposa

«Y la vida se llena con tu nombre [...]»
JUAN RULFO

A Paco y Trini por todo lo vivido

Tengo que morir antes que tú.
Componer el camino
y penetrar las amapolas.
Colmar tarros de flores frescas.
Ocultar las aberturas de la tarde
para que no haya grietas
mientras vienes.
Debo correr y buscar
sábanas que te abriguen.
Enamorarme del ocre
de los campos,
mojarme en la lluvia,
llenar los cántaros
de agua fresca.
Oler la mañana,
acariciar el cielo al atardecer,
contar las estrellas de la noche.
Andar en las islas de nieve.
Congelarme en la luz y sin tu boca...
Buscar iluminar la noche
que nos cubrirá
con el fuego que nacerá de tu presencia.

Quiero ver en los pájaros
que vuelan alto
la blanca estela
que te ilumina.

V. La luz derramada

I

Es la luz de tus ojos
la que ilumina
los días de tormenta.
Se derrama
sobre las piedras del campo
y los valles
se llenan
con su presencia.
Hueles a verde trigo
y a cebada también.
Recién cortada.
A tierra húmeda.
A ventana
abierta.

II

El dolor te acecha
como cazador maldito.
Y tú, a solas, te preguntas
¿el silencio cura
o tal vez gritando
alcanzas la demencia
que huyes?

La ventana está entreabierta,
ves el tiempo desnudo
por sus rendijas.

III

Repites cada día
el escenario de tu vida.
Variando el color,
el olor de tus pétalos
y también tus lamentos.
Desde el balcón
de tu historia recorres
el mundo.

IV

La quimio abrasa
tus sueños.
La intensidad de tus ojos
se inclina desgastada
como un fino hilo.
Escondida.
Para regresar a ti.
El ocaso deja la luz,
tendrías que perderte
donde las llamas dan calor
y el invierno
se deshiela
entre tu piel.

Estás con los ojos
en zozobra.
Nada quieres dejar atrás.

V

Todo no se puede
llevar en la mirada.
Al principio las estrellas
están cansadas
de alumbrarte.
Luego las viejas manos
dejan que los querubines
te irrumpan
y quiebren tu memoria.
El pasado que fuiste.

VI

Te vas
por calles
y plazas
oscuras.
Imaginas
tu vida,
apagada,
caminando
como un ejército
de sombras.

Aún enamoras
a quien te mira.

VII

Lo que queda de tu rostro
se desvanece.
Frente al mundo
has fallecido.

Serás ya nombre
sin nombre.
Una tachadura
en el aire
que algún día
todos respirarán.
Quedaste suprimida.
Tu nombre
comenzó a perder
las letras.
Pero aún existes.

VI. Te has acostumbrado a ti

«Prevalece el grito de medianoche
de todas las noches [...]»
ORIETTE D'ANGELO

Ahora te has acostumbrado a ti,
a tu geografía.
Has salvado tu alma despedazada.
Tus mentiras y costumbres
sobre la pena de tus
ruinas se han alzado en un altar.
Ya no te consuelan las palabras
ni las caricias.
Te has ocultado en un mundo impropio,
en las inmediaciones de un tiempo inexacto.
Has agotado tus márgenes
hasta encender en tus ojos
la madurez de quien sabe
que nada es eterno.
Ahora te has acostumbrado a ti.
A tus luces, a tus sombras
y a la fuerza que te sostiene.

VII. El tiempo te ahoga

Abres la conciencia
y muerdes el dolor
que te encuentras.
Contra todas las sombras
te enfrentas.
El tiempo te ahoga, asustado,
escondido entre tu carne
y sus células.
Todas se multiplican
sin pensar en ti
ni en la tragedia
que tejen
en tu cuerpo.

VIII. Las horas

El reloj va quedando desnudo
igual que las palabras
y las miradas.
Las horas han perdido su nombre
y es el silencio
en forma de silencio
el que mueve sus agujas
alumbrando la oscuridad.
Las horas vuelan.
Negras.
Como una tormenta que te apuñala.
Vienen buscando tu alma.
Se clavan en las llagas
de tus pensamientos
y entre los segundos
sedan el instante
en que brillas
como sal sobre hielo.

IX. La sonrisa de Dios

«Tan sólo ese momento indiferente.
Sellada en él, la vida».
FRANCISCO BRINES

Ahora encontraste la cerradura.
No tienes llave.
La hoja de la puerta está cerrada.
La mano temblorosa
empujando el trozo de árbol
para abrirla.
Quieres entrar a toda costa
en la habitación de tu vida,
mirar el mismo cielo,
refugiarte en la misma tierra.
Crees que la muerte
se detuvo ante ti.
No hay tiempo
y el aire
cincela
con martillos de viento
ideas negras en tu mente.
Dios cerró el cielo
con una cremallera
y sientes desesperación
en el estallido de tus órganos.
La puerta está cerrada.
Sin llave.
El sol está escondido detrás.
Ahora un bosque oscuro acecha
tu mirada.

Oyes a Dios reír,
a carcajadas.
Carcajadas que te dan miedo,
que te hacen descender
a la ermita de tus sueños.

Avanzas,
encuentras
un invierno abierto
como pétalo repleto
de lluvia.
Ahora el tiempo es tuyo
como un presente eterno.

X. Amapola

Tus ojos se hicieron grandes
como dos astros.
Parecían diosas por un instante.
Se inundaron de color rojo
y vistos por un insecto
eran como una playa
repleta de amapolas.
Brumosos. Rojos.
La sangre está invertida
de presente
y llena de tinieblas.
De respiración ahogada,
de corazón contraído.
Tus ojos fueron una playa
de amapolas,
un altar marino.
Un silencio profundo.

XI. El límite

El borde es el fin
y el principio,
es la raya que divide
tu vida de la
eternidad, la tierra del mar,
la meseta del precipicio.
El límite te resguarda, te da calor.
Te inunda de calma
cuando lo abrazas.
Es amplio.
Suave como arena
de desierto.
Es el confín
donde cada noche
duermen
tus angustias.
El límite es la tierra
firme.
Donde el mundo acaba
y todo empieza.
Donde se oculta el vacío
de tus ideas.

XII. Lo que queda de ti

La lentitud de las horas

Te levantas, te vistes,
te lavas, ayunas.
Caminas como si te encontraras
en lo alto del cielo.
Rodeas tu mente de átomos
para resguardarte
del desamparo que contemplas.
Caminas sobre la lluvia,
pisas algunas plantas, muertas,
los pájaros te acechan,
como presagio de una sombra
que deambula vestida de alma.
Te cruzas con cuerpos
que transitan
la ciudad.
Desafinados.
Como preludio de una canción
que flota en tus labios.
Las calles están enjutas
como tus ojos.
Ya solo son penumbras.
Te acercas.
Llegas a la inmensa escalinata
que te abraza. Ante ti una mole de hormigón.
Miras. Parece una catedral.
Catedral del dolor.
Te contemplas, abatida,

como una isla
que se esconde del mundo.
Subes las escaleras.
Caminas hasta la planta primera, consulta dos.
Te sientas.
Quisieras abrazarte
para darte calor
y no ser una piedra
ensombrecida, una inconsolable
nube que flota sola
en una constelación inmensa.
Esperas. Acompañada de todos.
Engendrada en tu miedo.
Una pesadilla te estremece los dientes.
Alguien te nombra,
escuchas cada una de las letras
de tu nombre
como una pisada de gigantes
sobre épocas antiguas.
Te levantas,
entras a ese número dos
y te hundes en la silla
exacta, a la hora exacta,
donde los segundos
se amontonan
y la sangre te golpea
hasta secar los
labios. Pareces
degollada, no hablas,
ni miras,
sientes crujir tus entrañas

como si en ellas
se cerraran todas la puertas
de tu vida.
El suelo que tocas
te prohíbe el silencio.
Bailas con los pies
a ritmo de fado.
Te acercas al abismo.
En la ventana se dibuja
un resplandor.
Frente a ti esperas
que la ginecóloga te acerque
al umbral de ti misma
y aparece,
vestida de blanco. Como un alma limpia.
Y te nombra.
Te muestra
imágenes,
papeles que no hablan,
estadísticas ausentes.
Van cayendo las
palabras como una
noche cerrada,
como pestaña que descansa,
como herida que te abrasa.

El pasillo del alma
se inunda de soledad.
Tu propio cuerpo
se dibuja
horizontal
debajo de la ceniza.

La tierra arde
en tus pies.
Cruje todo.
Silencio.
Silencio.
Pareciera que el hedor
del infierno te azotara.

XIII. Estás viva

Es blanca la greda que pisas.
Aún está debajo de ti.
Sonríe.
Tú, no la tierra.
Aún la vida y sus sombras
te hacen mortal.

XIV. Te escondes

«[...] preguntas sin respuesta,
relucientes, ebrias como moscas
cuyo beso punge insosteniblemente
en los úteros fétidos de aire negro bajo estivos pinares».

Sylvia Plath

Te escondes
en la piel
que sabes impregnada
de tardes
bajo los almendros.
Estás en medio de dos mundos.
Oculta en la cueva
donde antes de nacer
y engendrarte
ya eras.
Te ocultas en la casa
donde el fruto espera
al sol que lo madure.
Estás en donde se
está antes de estar.
¿Dónde estabas antes de nacer?
En el desierto que de pronto te abrasa.
Ni gritas ni muestras en tu rostro
helado las culebras que te ahogan la
garganta o el olor a huesos quemados
que te quiebran.

Te escondes, te ocultas
en tu averno infinito.
Paisaje de llama
eterna donde la figura
de Dios palpita tan
lejos
que el aire
agrietado al
derramarse
te deja ser.

Todos quieren
descuajar un trozo de tu
espanto
y quedárselo para evocar
quien fuiste
y besarte y lamer tu esencia
y comerte,
aun sabiéndote sombra
que aún no se ha ido.
Aún estás aquí,
sabiendo la tierra blanda
como los pastos húmedos,
como el pulmón que aún
respira.

XV. La pasión

La pasión es un incendio
de piedras abrasadas.
Un estado que ondea
como pájaros sobre estrellas.
No desvanece el amor.
¿Para qué quieres morir sin amor?
Como una isla.
Sola. Hundida en la
brasa que te cubre.

XVI. Los cipreses

En tu mente se levantan
dos filas de cipreses
y en medio un camino.
Llano.
Dos filas de cipreses.
Largas. Cipreses altos. Antiguos.
Cada nuez de ciprés
guarda un nombre
y en todos ves el tuyo.
En tu nombre
se levantan
dos filas
de cipreses
y en medio
un camino largo.

XVII. Volver atrás

Quisieras buscar la conexión
que une el alma que asciende
del cuerpo que aquí mora
y el vínculo
que ha transformado tu vida.
Quisieras encontrar
en la noche
los sueños que te cubren.
Los desvelos que callas.
Quisieras programar una huida
hacia el jardín de tu infancia.
Esconderte en la placenta
donde la libertad te acariciaba.
Quisieras acudir
a los brazos de tu madre.
—Eso es Dios,
sí existe,
y encogerte
ausente y sola
bajo el sombrío rumor
de pasos que te
buscan, de voces que
te llaman para volver al
presente y seguir
luchando.

XVIII. Enfadada

Miras tu mundo enfadada
con ojos frágiles
y brillo apagado.
Prefieres caminar ausente
antes que aprender a herirte.
Porque por no mirarte
te rompes.
Te sabes mortal.
Te suicidas en tus
sueños. Del suicidio te
rescatan tus ancestros, el
sudor
de tu miedo, tu palidez
mirando el hormigón
del suelo.
Para qué volar desde lo alto
y dejar que las lágrimas
parezcan lluvia
cuando puedes llorar
jugando con los charcos
y ver cómo las lágrimas
desnudan tu boca
desgarrada
al buscar a Dios.

XIX. La caída

Siempre es de noche
cuando desnuda
dejas caer la vida
sobre las sábanas
que te abrazan
y se rinden
ante el declive
de ti misma.

XX. Las heridas de tu pecho

Las heridas que tienes en tu
pecho sangran.
Quedan prendidas
de un lugar vacío.
Las miras
como a un árbol
yermo.
Tu pecho quedó en silencio,
ya no será más que un recuerdo.
Te parece un erial
tu carne
sin carne.
Te han arrancado
como una mordedura de perro
tus montes y su pálpito.
Te respondes
sin preguntas.
Sientes el impulso de la sangre
que cabalga en tus arterias
y en su adentro te engulle.
Es la hora sombría
en que la anestesia
te tiende la mano
como bocanada de tierra
y te despierta.
Te devuelve al
mundo. Toda tú.

Sin
sombra en tus
pechos.
Devastada.
Renacida.

XXI. El infierno de tu boca

Y ya llega sobre el largo sufrimiento
de tu boca
la pregunta exacta
que a lo largo de los días
has guardado.
En el arco de tu paladar
se levantan las olas
de una sombra
despechada.
La lengua se roza
con la estrella de tu garganta
y se ahueca al pronunciar
la palabra morir.

Se dibujan en tus ojos
noches que sin brillo
parecieran expirar.

Como ave inmortal
que sobre sus ojos se
cobija renaces de tu sangre
y sigues extendiendo la
vida como hiedra que flota.

XXII. Tristeza

Te burlas de ti,
de lo abandonada
que llegas a estar
en tu cuerpo.
Te contemplas
como un bosque
de abetos sin
hojas donde el sol
solo se dibuja
entre líneas de transparencia.
Navegas en lo invisible.
Gritas para ocultar
el pavor
que tiembla en tus manos.
Te tocas el rostro
para saber que
estás.
Te tocas los pechos
para saber que ya solo son voces huecas,
tierra baldía,
sobre un corazón triste.
Zarpas como un barco
lleno de pánico
sobre tu fúnebre mar,
dibujando entre las aguas
la aparición de un otoño
con las ventanas cerradas.
Hoy todo parece triste.

La tarde, la calle, el bullicio
de la gente, incluso la
manera de los niños al jugar.
Tu cuerpo entero
es un monasterio de dolor,
donde la cera de sus velas
se derrama como chorros de estrella.
Hoy despediste un pecho
de tu cuerpo. Con espanto.
Como quien entra en una cueva
y se clausura
y se hunde
en su penumbra.

XXIII. La misma

Tienes que ser la misma al desnudarte
y no cabalgar entre latidos desbocados
de un corazón transformado en su
sangre. Tienes que ser una sola voz que
muerda tu conciencia y entienda que solo
tú, hoy, podrás amarte.
Nadie más.
Queriéndote.
Como quien busca en sus entrañas
la eternidad y deja dibujadas
en la punta de los dedos las mañanas
que están por venir.

XXIV. Hay mujeres que son viento

«Han venido.
Invaden la sangre.
Huelen a plumas,
a carencia,
a llanto».
ALEJANDRA PIZARNIK

Hay mujeres que son viento,
otras que solo son lluvia,
otras mañana,
otras, siempre atardecer.
Hay mujeres que siempre
son crisálida
y otras siempre mariposas.
Hay mujeres secas de llanto
y mujeres donde las flores
crecen a su paso.
Hay mujeres
que de pronto son escarcha
y mujeres que brotan
como un río
donde el tiempo se esconde.
Hay mujeres con cejas
tatuadas, mujeres
con algodón en sus pechos,
para esconder el desierto,
y otras, con peluca,
para ocultar la mirada.

Hay mujeres diferentes
que han venido de su
vida
a nuestro paraíso. Voluntariamente.
Como migrantes que viajan
hacia sí mismas.
Hay mujeres que rechazamos
al mirar su pena, como
residuos de un cuerpo
mutilado,
como huecos que vuelven
de una podredumbre
que se esconde.

Hay mujeres que son un secreto,
una triste libertad
que solo se esconde
para no ser juzgada
por los demás.
¿Qué son los demás?
Son pesadillas negras
con boca de estiércol
que laten ebrias
sin saber qué sientes.

XXV. Miras el viento

Solo con mirar el viento
en tu geografía sabes lo que ocurre,
presientes el frío en tus órganos
y la brava soledad de su sonido.
Notas el dolor
de su presencia
y la libertad con la que tropieza
con la luz
que desprendes,
con el olor a escarcha
que se despierta en tu interior.
Has aprendido
a desnudar la mañana
y dejarla ir.
A menudo tu viento se transforma en brisa.
Luz que Dios
proyecta
sobre la guerra
que quiebra tu sonrisa.

XXVI. Rescatar la mirada

Piensas que es bonito
rescatar de las cenizas
la mirada,
porque lo único
que importa
en la fragilidad
de tu mundo
es contemplar
la maravilla
que es vivir.

XXVII. Un pájaro sin alas

Sin pecho también se puede volar

Sin pecho también se puede volar.
Un pájaro sin alas
llegó a la orilla.
Herido.
Huyendo de su tristeza.
Cayó roto sobre la
tierra dura.
Sobre la tierra
que acaricia su vientre.
El viento le abre
los dos ojos.
Llegó a la orilla.
Sin alas.
Huyendo
de su
huida.
Huyendo
del agujero
que era el mar.
Gran mar
que tendía su mano
para despertarlo
de su infinito y engullirlo.
Un pájaro
sin alas
llegó
a la orilla.

Vivo.
A la orilla
llegó
sin alas.

XXVIII. Tiempo detenido

A Antonia C. y su coraje por vivir

Este tiempo que se
detiene como estanque
congelado, entre las
ocultas ideas
que tu corazón esconde,
no sabe de horas
que fluyen como sangre
ni de segundos que fraccionados
se esconden
marchitando el tiempo.
Como cautivo
apaga el sol.
Guarda en la quietud
que te acecha
los destellos
de una lumbre
que ilumina tu cara.

XXIX. Enfermedad infinita

El padecimiento te arrastra.
Infinita.
Sobre un muro sin brillo
donde solamente tus pensamientos,
inmensos, son eternos.
Tu
cuerpo es
agua.
Oscura.
De nubes resentidas.
¿Acaso bebiste lágrimas
de caverna?
¿Vuelas como pétalo arrastrado
por una tormenta?
Desprendida de ti.
Sola.
Temblorosa.
Con la mirada herida.
Como quien no encuentra
la puerta para salir del mundo.

XXX. Confías en Dios

Confías en que Dios
te devuelva al último
instante en el que vivías
antes del paréntesis,
lejos de Él.
Alzas los brazos
confiando
en que tu suerte no te traicione.
Te escondes en la ausencia,
pensando que la vida
no te entrega, sin más, a la muerte.
A la angustia de una batalla infinita.

XXXI. Enamorada estás

A Esperanza, su brillo solo cambió de cielo

Enamorada estás
de lo que ya no está,
de lo que has perdido
mientras mirabas pasar el tiempo.
Sin detenerte en él.
Enamorada
de la suave brisa de Dios
o de la simple forma
de los campos,
de los altos álamos
o del brillo
de tantos ojos
que miraron tu vida
y no te diste cuenta.
Enamorada de lo que fue,
de lo que fuiste.
Del otro lado
al que tan difícil es volver.

XXXII. Eres isla

Cuando te alejas
de ti,
los amigos se esconden.
Envenenados se lamentan
del modo en que te marchas.
Sin entender tu viaje
salen de tu vida
y nunca vuelven a la
oscuridad que desprendes.
Cuando te conviertes
en ti,
la soledad que pueblas
es limpia pero oscura.
Como la mirada
de los seres que te aman.
No estás vencida.
Ahora eres
una llanura
que se ensancha
y se repite.
Buscándose.
Algún día tu alma
podrá salir
a tu continente
y caminar graciosa
sobre la salud que anhelas.

XXXIII. Volver

Eres un alma despellejada.
Angustia solamente
de rumores
desnudos.
No hay pétalos en la ceguera
de tu anhelo.
Ni siquiera ángeles
dominando tu alma.
Alma quebrada
que se desangra
sin dejar huellas
para no volver,
sobre el precipicio
que te envuelve,
sobre la distancia
que en tu mirada
escondes.
Eres un alma rota
en brazos de una brisa
dormida.
Guiada por alas
de mariposas
que andan buscando
una estrella perdida
para esconder
tu tristeza.

XXXIV. No llores más

Con tus lágrimas imposibles
y tus ojeras de acero
buscas en la tarde
el olor de lo que fuiste.
En tus recuerdos
te amas,
escondida
en el primer
calostro. Corres en
tu desierto de oro
sobre la arena que
aún no te cubre
y cada día vences.
No llores.
En tu corazón aún vuela
el gozo
de quien combate el mal.

XXXV. Desnuda como una ola

Descansas como fruta
madura sobre un corazón
que tiembla.
Desnuda estás como una ola
sobre los altares del mar.
Te precipitas
en la libertad
que te cubre
y sobre los
prados de tu
memoria deliras
negando la
ausencia
de tu carne enferma.

XXXVI. Escondida en tus suspiros

Ocupas una caverna. Infinita.
En la que el final
de la noche
no se vislumbra.
Profunda.
Vives en el reflejo
de un mundo apagado.
En un ayer
escondido
entre largos
recuerdos.
Insistes en contemplar
la luz que se te niega.
Ese hilo de luz
que te cuenta
los besos que te deben,
lo duro que será
no vivir lo que te
falta. Quizás.

XXXVII. Sombra

A Carmen Guerra, siempre serás
un verso en mi corazón

Diferente por la ausencia de tus pechos.
Diferente por dentro.
Viviendo en un cuerpo que te abrasa.
Prisionera de unos pechos
sacrificados para volver a nacer.
Diferente en tu mente.
Laberinto ahora que esconde
los presagios de un cuerpo impropio.
Tu colon derrumbado. También.
Como un fantasma
en su crisálida.
Tres veces has negociado
la vida con los mecánicos
del cuerpo y con la muerte.
Tres veces con los arcángeles
que habitan escondidos
en tu sonrisa.
Tres veces anestesiada,
poblando regiones
donde un asesino te busca.
No sé qué brota de la siembra
de tu despedida
pero siempre resurges
como una sombra callada,
con una porción de esparto
entre tus dedos y esperanza
en tu alma.

XXXVIII. No quieres engañarte

No quieres engañarte.
Fue un duro golpe para
ti. Supiste que las
mentiras no son el
camino
que buscas
ni el grano que siembras
para recoger tu aliento.
Tu destino es andar.
Despacio.
Quizás de espaldas,
para no ver.
Andar,
buscando en medio
de verdades
espacios
de sinceridad,
sin mentiras
que te quiebran el ánimo.

XL. Llegó el día

Te levantas con las ojeras
en los talones.
Temblorosa.
Llegó el día y la hora.
El alba te acoge.
Todos en
casa
despiertos.
Silencio.
Un silencio distinto.
Te vistes.
Acomodas tu corto pelo
en su sitio exacto.
Te despides de todo
en cada paso que
das.
Te despides de tu casa.
Un nudo
atraviesa
tu garganta.
Dos estrellas caen
de tus ojos
como lágrimas
que alumbran
la oscuridad
que te abriga.
Subes al coche
Silencio.
Silencio roto.

Silencio frío.
De ese que te hiela el alma.
Llegas al hospital.
Lo caminas
como quien salta
las baldosas sin tocarlas
temiendo abrirlas
y hundirte en ellas.
Oyes tu nombre
en el interior de la consulta.
Cada letra
es un golpe
de forja.
Entras.
Te tumban.
Estás triste.
Una enfermera
de la preanestesia
te coge una vía
para la medicación.
En el quirófano número tres
te esperan.
Un enfermero
instrumentista, una
enfermera de anestesia,
una enfermera circulante,
un TCAE,
dos ginecólogas y un anestesista.
Silencio profundo.
El celador rompe el aire
del pasillo contigo sobre

la camilla.
El pasillo es largo
como la sombra de un ciprés.
Vas a un lugar donde
nunca pensaste ir.
Ajeno a tu vida.
Máquinas que suenan.
Frío.
Frío en la piel, frío en el interior del cuerpo.
Cierras los ojos
y comienzas a
rezar. «Dios te salve,
María, llena eres de
Gracia». Te sientes
pequeña.
Como un insecto
en una tela de
araña. Desnuda.
El anestesista
te acaricia.
Te pregunta
si te gusta alguna canción en especial.
Y tú entre lágrimas respondes.
«Aquellas pequeñas cosas»
de Serrat.
Al escucharla, lloras.
Te conmueves.
Pronto viajas al cosmos
donde los sueros te llevan.
Las ginecólogas
te esperan.

Comienza una batalla.
Tu alma está hirviendo
de vida, no quiere volar.
Tu cuerpo cubierto por un campo
de telas estériles.
Cables, bisturís,
sueros, sangre.
Ahora Dios desciende
sobre ti.
Su mano te calma.
Todo el
firmamento está
sereno
esperando el despertar
de tu sonrisa.

XLI. Hay una estrella

«Todo lo bello deja un hueco
en el lugar donde estuvo […]»
RAFAEL GUILLÉN

I

Hay una vieja estrella
que siempre se acuesta
en la transparente
mirada de tus viejos
recuerdos.
Vuela haciendo encaje
al surcar el cielo oscuro
en que te busca.
No habla.

Hay una estrella. Vieja.
Que siempre se acuesta
en la mirada que prendiste
al recordar lo que eras.

Es desagradable imaginar
las grietas de sus
montañas,
la imperfección de sus valles.

Es agotador saber la velocidad
con la que viene a por tus
recuerdos. Hay una estrella.
Arcaica.
Donde se recoge
la memoria que encubres.

II

¿Cuántos segundos se esconden
en la penumbra que transitas?
¿Cuánto aire
queda en la
penumbra que
desaparece?
No hay ningún refugio
preparado para entregar
el cabello que de tu cabeza
se desprende.

II

EL ALMA HERIDA

XLII. Ira

Tienes que soportar la ira
que arde en tus huesos.
Detenerla,
y en el escombro
buscar la salida
hacia la tierra
donde todos los náufragos
se resguardan.

XLIII. Las llagas de la luna

«Ya, dulce amigo, huyo y me retiro
de cuanto simple amé: rompí los lazos.
Ven y sabrás al grande fin que aspiro,
antes que el tiempo muera en nuestros brazos».
ANDRÉS FERNÁNDEZ DE ANDRADA.

Llegas a tocar con el extremo
de tus dedos las llagas
de la luna. Triste luna.
Vestida con alas negras
palideces como pétalo
de lirio envenenado.
Vestida de certezas,
con la sombra
de tus brazos abrazando
el cuello de lo ajeno
y de lo que está por venir.

Pronto verás palidecer
en tus ojos
el tiempo
que no se detiene.

XLIV. El bosque

Es tu vida un bosque
sobre un acantilado
gélido.
Dispersa y delirante,
la ocultas en
estanques de ácido
y en tus ojos
dibujas las tinieblas
del infierno
que la habitan.
Tempestades de
penumbra y viento te
buscan mientras
descubres
en cada mirada
el miedo.
Por todos los poros de tu cuerpo
desprendes hedor marchito.
Hueles a quimioterapia,
a pastillas y apocalipsis.
Vas hacia ti misma,
envuelta en una convulsión
que te oculta.
En tu rostro no hay reposo
ni mentiras.
Sale de tus ojos una bestia
que te hiere.
Que te frustra.

Mírala, volviendo a entrar en ti.
Oscura.
Liberada del destello que huyes.

XLV. Templo

Tu cuerpo es un templo
donde entras vacío
y lo abandonas hechizado.
En su seno se oyen
infinitos gritos.
Cercanas preguntas
que alcanzan
la tierra
que caminas
y la oscuridad
que pisas.

XLVI. Tu cara es un altar

«Es púrpura el horizonte,
y el firmamento una hoguera [...]»
José Zorrilla

Una cepa de pena se ha incrustado
en tu sangre. Cerrándola.
Extendiéndose hacia toda
tu Atlántida interior.
Tu cara es un
altar. Boca de
caracolas, ojos de
invierno,
cráneo de tierra amarga.
Mirada de bruma negra.
Lengua seca. Sin palabras.
Te cebas con tu
angustia y atormentas a
todos parando la vida,
como si en su centro
ya no hubiese
más que catástrofes.
Legitimas el amargo
pecho que ya no es.
Volcán de calaveras.
Toda tú estás
traspasada de tu dolor y
atas
tu piel con sus tiras.
No ves horizonte,

ni tu rostro mira.
Angustiada de pena
te ahogas
en un agujero oscuro
donde derramas tu vida.
Donde tocándote los pechos
contemplas la sangre
que difunta en el silencio
apesta.

XLVII. Tus besos te besan

Cuando abordas el final
de tu memoria. Prudente.
Hueles la leche que amamantó
a tus hijos.
Sientes el dulce sabor
de los pechos de tu madre
entre tus labios.
En silencio
recuerdas las horas
más afortunadas.
En tu mirada
dibujas una estampa
que brilla vestida
con los colores de tu recuerdo.

XLVIII. Tus cabellos

Tus
cabellos
se los llevó
un caballo blanco
que, poderoso,
caminaba
sobre las estelas de un largo camino.
Voló sobre un otoño
hacia la plenitud
de una libertad añorada.
Trenzó con ellos
una flor dorada
y la colgó en la oscura
noche,
para que siempre
que mires la oscuridad
del infinito
veas una luz
que te pertenece.
Hechizada.
Reina de un bosque
inmenso,
como tu hermosa soledad.

XLIX. Es el dolor el que te cura

El lugar donde más se reza
es, sin lugar a dudas, un hospital.
A los que rezan, a los que tienen fe.

Sin tú saberlo Dios te acompaña.
Está en el interior
de tu pecho.
Atisba el mundo a través de ti.
Entre el mundo y tú
la transparencia es Él.
Pronuncia tu nombre
en las noches en vela.
Te guía.
Él es el dolor que te cura.
Las alas con las que planeas
cada noche, buscando
entre caminos inciertos
el aire fresco de su
boca. Aunque no sepas
nada de Él. Su voz se
adentra en tu aliento.
Te precede.
Está en tu mente
alejándote del poder
destructivo
al que te encomiendas.
Sin tú saberlo
Dios te acompaña
en tus tinieblas.

Por Él te mantienes en ti.
En tu sangre
se han multiplicado
las criaturas del infierno.
Quieren consumirte. Toda.
Hacerte caminar
a un reino despoblado
e invisible donde
la nada manda.

Sálvame, Señor,
dijiste
al saber la noticia
primera
y tu ira en el
corazón
exclamó ante el
dolor
de una enfermedad
maldita.

Sin tú saberlo
Dios te acompaña.

L. Golpes en la vida

> «Hay golpes en la vida tan fuertes… ¡Yo no sé!
> Golpes como del odio de Dios; como si ante ellos
> la resaca de todo lo sufrido
> se empozara en el alma... ¡Yo no sé!»
> CÉSAR A. VALLEJO

Tu voz apenas se percibe
en la extensa penumbra que anidas.
Los lugares que envuelves
se han vuelto tan prolongados
que no llega el aliento
ni a succionar la niebla
que te asfixia.
Tu voz se esconde
en lo más profundo de los surcos
que acaricias.
Incluso aquí te vuelves presagio.
Resistes las terroríficas embestidas
que devastan por momentos
la mente que el diazepam calma.
Te oyes a ti
como un mar desnudo
que se eleva sobre la niebla y
levita para después rociar los
campos con la lluvia que vomitas.
Eres, y lo sabes, lo vivido.
Del presente
solo guardas
las claras horas

que quedan arrugadas
en la mirada ausente
que escondes.
Y después
comienza la nada.

LI. Recuerdos

El viento te desvanecía, a ti. Toda.
Ibas apagándote como el calor
de las hojas que, sin más,
se convierten en pavesas.
Huías en medio de tus crisis
escondiéndote del horror
en refugios de fantasmas.
Buscabas un pecho
disfrazado de algodón
y entre la miserable oscuridad
del llanto
gritabas maldiciones
que se estampaban
contra el viento.
El aire lo borra todo.
Cargado de invisibles momentos
que se expanden
en la vida.

LII. Pareces oscura

Inmóvil en tu cama.
Ausente de todo.
Sin luz en los ojos.
Juzgada por la vida.
Condenada.
Caminas entre un tiempo corrompido,
caminos áridos.
Sin memoria.
Entre mentiras
te escondes del miedo
que absorbe tu sangre.
Sin futuro te ves,
abandonada
en una estación desconocida.

LIII. Dicen que Dios te bendice

Dicen que Dios, al ver la pena
en tus ojos, se olvidó del tiempo
y pasó a tu lado tantas horas recluido
que los años se apilaron
sobre el precipicio de sus suspiros.
Dicen que Dios, al ver tu pena,
puso a los ángeles a bordar
con tus lágrimas cruces,
para las almas errantes.
Dicen que Dios buscó en tu mirada
el perfume de un amor.

El tiempo suspendido se sumerge
como melancolía.
Dios. Infinito resplandor, te acoge.
Y palideces entre sueros,
rabias y deseos.
El olor a eternidad te transforma.
Le da forma a tus noches infinitas.

LIV. Hoy quisiste ponerte en la cola de los que deben morir

«Deja ese sueño.
Envuélvete
desnuda y blanca, en tu sábana.
Te esperan en el jardín
tras las tapias».
RAFAEL ALBERTI

Tú te levantaste sobre ti misma.
De dentro hacia fuera.
Te buscaste de fuera hacia dentro.
Dejaste escrito en un muro de lluvia
tus lamentos y tus miedos.
Te alzaste vencida de ti
sin tratar de doblegar el caos
Hoy no tienes ganas de luchar.
Quisieras volar como un pájaro
sobre las extrañas y extensas praderas
que escondes en tu orbe.
Hoy el aire se bebe tu sangre.
Estás débil y piensas
que llegó la hora de ponerte
en la cola de los que deben morir.
Te abrazas entonces a los nombres
que te aman y lloras en el incendio que te
transforma.
Solo te ves ceniza.
Polvo que se transforma. Nada.
Esa nada que te siente, que te
toca, que te pertenece.

La vida te pesa.
Se descompone como tus células.
Huele a carne dormida.
Veneno sin crimen.
Hoy quisiste ponerte en la cola
de los que deben morir.

LV. Penumbra

Para algunos,
desvestirse de
la pena
es como cambiar
la camisa.
Tú necesitas siglos
de gritos
para transformar
la sombra
que te cubre.

LVI. Oración de un paciente

Madre nuestra que estás en nuestra alma,
venga a nosotras tu luz.
Bendita seas
por haber extirpado de nuestro reino
las células del mal.
Hágase tu voluntad
en tu tierra y en nuestro cieno,
donde las células
parecen caracolas negras.
Danos esperanza
y perdona
nuestros pensamientos,
atormentados.
No nos dejes caer
en la desilusión,
en la oscuridad
de quien solo ve la muerte
tras una puerta oscura,
y líbranos
de las alas del mal.
Amén.

LVII. Un rostro divino

Notas que te vas haciendo menos cierta,
y toda tu boca se llena de grietas.
Vives de la vida que te prestas
y no sientes la sangre que te aprieta.
En toda brisa bebes un lamento
que te acuchilla y limpias los ojos con tierra,
que te borra lo visto y lo vivido.
Y ahora que acabas de nacer, otra vez,
te inscribes en el censo de los renacidos,
de las estadísticas.
De quien superó y venció a tres asesinos
que vinieron tres veces a matarte.
Tres tumores. Tres.
Vinieron.
Marcharon. Dejándote segada.
Siempre quedó una flor
en el horizonte.
Una flor blanca como tu rostro divino.

LVIII. La tarde

Te asomas a la tarde
viendo tu vida en sombras.
Sintiendo tu dolor.
Mordido.
Como la hendidura
profunda de un bocado
de perro.
Aguantas el vacío
de tu gesto en el cristal
de tu ventana.
Limpia como el viento.
Que después de arrasar
el cielo
desciende para acariciarte.
Te asomas a la memoria
de tu puerta,
donde las primeras preguntas
te devuelven a los ojos de tu madre.
Grandes. Como girasoles
que golpea la lluvia.
Te asomas al silencio
que remueve tus entrañas
y de pronto comprendes
que no es el frío
sino la tristeza
quien te envuelve.
Pareces una torre
frente al mar.

Una diosa que levita
su cuerpo
sobre la orilla
que de pronto
ilumina su fin.
Quedas quieta
frente a esta tarde
que se esconde.
Esta tarde que se sienta
en tus manos inmensas.

LIX. Diario íntimo

Aunque tus ojos estén cansados.
Con algunas arrugas de más
y un poco tristes,
siguen mirando
y sintiendo el amor
de los rostros que llenan
el oculto vacío al que perteneces.
Aunque tu boca esté seca,
tus dientes sangren
y en los labios tengas grietas,
en ellos queda el fuego
de tus deseos.
Aunque tus manos sean ya fruto
que solo trae llantos
a la desolación que te contempla.
Aunque fatigados de arrastrar el llanto
buscan una salida
para acariciar la brisa
transparente que golpea
la soledad que andas.
Aunque tus pies estén hondamente
golpeados por la falta de energía,
y a veces alcancen a confundirse
con la conciencia de la tierra,
también tienen el deseo
de correr.
Nunca perderás la ilusión de
volar, de ser un alma dichosa,
de recibir la bendición
del viento.

LX. No temes consumirte

A Reme y su eterna sonrisa

¿No temes consumirte
mientras todos te sacian
de amor?
Alabas los quebrantados
días en que, irritada,
crees vencer al tumor
malvado que te siega
el aliento.

Hasta hacerte tan pequeña
que pareces un cuerpo
glorioso que asciende.

¿No temes al ancho tiempo
ni a la mañana
que se va profunda?
¿Ya no te sometes a la batalla
ni levantas la cabeza
con tu ira buscando a Dios?
¿Ya no te estremece
la tierra que aún pisas
ni el aire que se transforma
en inmenso soplido?
Eres la claridad
que quema.
El jazmín que borda
de alegría las horas.

La esperanza que contempla
el gozo de vivir.
De vivir.

LXI. Siempre fuiste el aliento de los ángeles

«Goza el fresco paisaje de mi herida, quiebra
juncos y arroyos delicados».
FEDERICO GARCÍA LORCA

Siempre fuiste de ellos.
Desde que anduviste los campos
verdes de tu pueblo,
y respiraste su viento,
y surcaste las hojas
de la cebada crecida,
haciendo caminos
como el laberinto
de una vida.
Siempre fuiste suya.
Desde que tumbada
en la tierra húmeda
viste ese cielo tan azul
que te cegaba,
y sentías su mano
acariciando tu destino.
Y marchando
entre los silencios
que siempre reaccionaron
al ocaso de tu luz.
Siempre fuiste de ellos.
Ahora los alcanzas.
Vais juntos en el tiempo.
Llenas tus manos de incienso,
tus ojos de jacintos,
tu carne de llagas.

Herida caminas
a su lado,
recién nacida,
y no
escuchas.
Como agua de río
alcanzas tu ausencia.
Los sientes
en la claridad de las noches
y te encomiendas a Dios,
como quien detrás
de un árbol cree ser también corteza.
Dios y ellos saben tu nombre.
Es paradójico
que seas silencio
en tu pecho arrasado
y grites en el abrazo
de otros ojos.
Desprendidos como rama.
Dibujados en el lienzo
de un bosque.

LXII. Suspiros

La vida es comprender
el aire que respiras
y la tierra que pisas.
Veo en los átomos
de tus ojos la grieta de tu
ser. Es tu alma plana,
sólida, como un asteroide
que se expande.
Veo zombis engendrados
en un mundo metálico,
caminando como astros
en una galaxia
con tus venas invertidas.

LXIII. Pájaros

«De repente no hay pájaros.
Desde un boquete gris del duermevela escucho
el sigilo del aire, el cóncavo
baldío del no canto».
CABALLERO BONALD

En los pájaros
hueles el azufre.
Al inclinar el cuello
mirándolos,
bombardean
tus ojos
con la explosión de un infierno.
En la orilla los cuerpos
se han olvidado del tiempo.
Cada uno llega
de senderos oscuros,
sin apenas palabras.
Envenenados por el ansia
de vivir, abandonados
y sintiendo el peso
de la primera luna
en sus espaldas,
han cruzado divinos laberintos.
Ahora son reflejo
de la metamorfosis de la vida.
Desnudos como un jardín
después de un fuego.
Limpios de alma.

Parecen imágenes
sin sombras las
almas
que guardan en sus alas,
bordadas de esperanza.

LXIV. Hablas con los perros

«La libertad
hubiera sido herir tu pensamiento,
trasponer el umbral de tu mirada [...]»
Antonio Gala

Hablas con los perros
de la incógnita
presencia que ves tras
las drogas que soportas.
Gota a gota
la quimioterapia
recorre su largo camino,
como río que busca
la placidez de las cascadas.
Hablas con los perros
de la melancolía de las cosas rutinarias.
Les cuentas que has huido
al fondo de ti,
buscando el cordón umbilical
que te une al embrujado abismo
del calostro y del llanto.
Drogada estás en el pedestal
de tus pensamientos. Drogada no.
Hechizada.
Hablando con perros
naranjas que
pasean en tu fiebre
y amortajando pájaros
que, en tus adentros, flotan.

Mírate. Devorada
por tu propia carne.
Ensombrecida de fuera
hacia dentro.

Clavada en una estaca
como Cristo, abrazándote.
Callada. Con los ojos yéndose
hacia un instante que solo tú conoces.

Hablas con los perros
que no son perros,
sino demonios en sombra
que te buscan.
No tienen alma.
Están de cacería
y solo tú en la soledad
de tu dolor los ves.
Cara a cara,
como una verdad
que hierve en tus órganos.
Estás habitada por la ira
y la miseria del dolor
sale de tu sueño iluminado.
Vuelves a nacer en otra
conciencia.
Nunca podrás contar
a nadie lo que viste, lo que ves,
ni el universo que te viste.

Las calles están llenas
de pájaros amortajados
y te acompañan
perros naranjas
a los que abres
tu carne,
ahora desabrochada.

LXV. Dios está en tu vientre

A Carmen Guerra por ser una mujer de esparto

Dios está en tu vientre.
Enterrado en las ruinas
de tu colon, bajo una morada
de células podridas
que se han caído,
dejando
tu cuerpo como una ruina,
devastada.
—No sufras, ya es suficiente.
Me dijiste que tres veces sufrir
es mucho sufrir. Y es verdad.
Esta enfermedad que te arrasa
no se llevará tu nombre
y todos los sinsabores
que muerdes acabarán
en la impenetrable
estación que detiene el tiempo.
Entera. Como un alma que arde.
Dios está enterrado en tu vientre,
y una vez más resucitará
contigo.
Engendrará
el amor que a bocanadas pides.
Cuando despiertes
todo tu cuerpo
será un cosmos,
la misma tierra
trenza tu destino.

Serás la nada que te abraza,
el sufrimiento que dé luz
al mundo que se extingue.
Aún no has llegado
a los valles de la muerte,
tienes que volver al mundo.
Distinta.
Tienes que volver
a oler las rosas,
tocar el espacio
que la brisa esconde
para que las hadas
te besen.

Eres un ángel
con una misión en la tierra.
Un pálpito.
Solo tú conoces
el amor que te engendra.

LXVI. La soledad

«La vida se nos iba
en días inocentes
de mansa lluvia y frío en los tejados».
FERNANDO DE VILLENA

A Mariángeles por tu fuerza, por tu entereza

La soledad
es el aliento
que se pasea
infinito
por el artesonado
de tu mente.
Es tu golondrina
que una y otra
vez va y viene
huyendo
de los senderos
de la tristeza,
buscando su hogar.

LXVII. Dormir sin dormir

El miedo
a dormir
es espantoso.
A dormir
y no despertar.
Tortura
inmensa,
cerrar
los ojos.
Tristeza
infinita,
que nada calma.
Pensar
y saber
desconcierta
los sentidos.
Dormir
es
consumirse.
Despegarse
del camino.
Soltar amarras.
Dejar
de ser mortal.
Dormir
es
la soledad absoluta.

LXVIII. Hay sueños

«[...] que toda la vida es sueño,
y los sueños, sueños son».
CALDERÓN DE LA BARCA

Hay sueños
que se desprenden
de ti
como una costra
de una herida,
y en silencio,
desnudos,
recorren tus paraísos.
Hay sueños
en que tus pies corren
y en tus manos llevas escondida
una tragedia.
Hay sueños
en que
vuelas.
Con pena.
Arropada por las espinas
de la vida
y oliendo a flor
que sangra
en tu nuevo resucitar.

LXIX. El milagro de vivir

Poco a poco
te sostienes
en la fe
que has inventado.
Ya no ocultas
el milagro
de vivir
siempre con alas,
para volar
y huir de ti
si el tiempo se detiene.

LXX. Si Dios viene

Si Dios viene
lo esperarás
sentada en el alféizar
de tu cocina,
tomando un vino
y una tapa.
Estará contigo,
abrazado a ti,
frente al jardín
verde
que se refleja en tus ojos.
Estaréis solos.
Riéndose del mundo.
Solos.
Riendo.

LXXI. Las altas olas

No solo los mares
tocan la orilla,
también la soledad
de tu vida
cuando la alcanza.
El mundo ha
trazado una frontera
para ti,
dibujada con lápices de humo.
Una frontera
que separa tu enfermedad
de la calma
que sostienes
en un alambre
de espinas.

III

VOLVER A CONSTRUIRTE

LXXII. Si la tierra no te deja volar

—¡Qué más da vivir
enamorada!,
si la tierra
no te deja volar
y el cielo
únicamente
se viste
de brisa
cuando tu corazón
palpita ahogado.
—Hay que girar muchas veces
a tu alrededor para saber
qué mundo pueblas cada
día.

LXXIII. ¿Dónde está tu sangre?

¿Dónde está la sangre
que palpita en tu cabeza
como un asesino
y se esconde en tu terror
guardando sus secretos?
Deliras
inclinada en el camino
que has de andar,
convertido en una alfombra
de sacrificios.
Intuyes
asustada
que en los bordes
del arenal
ya solo hay esparto seco
como el rostro del tiempo.
Tu sombra
palpita
en tu cabeza.
Escondida.
La pasión te invade,
se refleja en tus pasos lentos,
a menudo están quietos.
Atados.
Te abrazas al tiempo
que aún no llegó y ya agoniza.
Improvisas
en las horas
que se derraman.

¿Dónde está la sangre
que tapa tus arterias
y parece el reflejo
de un espejo lleno de vaho, sin luz?
¿Dónde estás?

¿En qué bosque de tus órganos
se elevan locuras reprimidas,
misterios sin sombra que te buscan?
A pesar de
todo el tiempo
y tú os
reconocéis
como lluvia y suelo.
Has visto en la
ausencia de tu sangre
el abismo que te
traiciona.
¿Cómo puedes sentir
que Dios viene a comerte?
Fulminante.
Y te sumerges en sus manos
como una caracola
en el sonido del mar.
El sacrificio de tu vida
es la ausencia de la sangre.
En la sangre está el alma.
De ella brota la luz,
que frágil como una rama
aguanta el peso
del amanecer.

Te despojas de todos tus deseos,
la ausencia de oxígeno
junto con el miedo te hace libre.

Confiesas tus pecados, asciendes,
ebria de medicamentos,
hacia la máquina
donde el paraíso
se destila en ti.
Tú eres
la esencia,
el mito, el rumor del río
y el soplo del viento
luchando en las montañas.
Eres ya
el recuerdo y el rechazo,
la profundidad y el misterio.
Eres
lo que fuiste y nada más.
Extraviada vas hacia la luz que te busca.
Sola.
¿Ya no tienes miedo?
La sangre se ha detenido.
La pasión es una cadena
que ya no pesa.
Ahora estás solo tú
y Él.

Ya no importa la lluvia
ni el fuego, ni el viento
que arrastra tu vida
hacia la tierra
que te llama.

LXXIV. Frente al espejo

> «No te conoce el lomo de la piedra,
> ni el raso negro donde te destrozas».
> FEDERICO GARCÍA LORCA

Frente al espejo,
envuelta en una faja
que cubre y aprieta
la ausencia de tus pechos,
sientes la huella
que aviva la ceniza
de tu segundo nacimiento.
Bajo la faja
y moribundas
danzan las heridas
como flores
muertas, buscando
el origen
de una carne enferma.
Frente al espejo
con los ojos sin brillo,
derrumbada
como un rosal sin flores.
Pareces un tallo,
solo con espinas.

LXXV. La sopa

Te has hecho una sopa
de fideos
con un huevo
estrellado
en un plato
antiguo
de tu madre.
Casi cae
al suelo.
Te quemaste.
Lo miras
y los recuerdos
caminan
todo tu cuerpo.
Sois el plato y tú,
un silencio tranquilo.
Un tiempo pasado.
Un calor que necesitas.

LXXVI. Deseo de vivir

La respiración extenuante
abre tu boca
y buscas entre tu gesto
el deseo de vivir.
Abres tu inframundo al paraíso
y no dudas en dar la vida
que te queda a los vivos,
aunque te entierren antes de morir.
Deseas vivir
abandonada
en el centro
de un lugar, donde solo se huele
su inmenso fondo.
Te apagas
alrededor del aire
que baila.
No vendrá nadie a esperarte,
tu única opción es brillar
dentro de ti.
Te has visto envuelta
en la invisible realidad
de quien tiene que luchar.
Aún no pagaste
al destino por morir.
Puedes arrepentirte
y comprar más días
donde todas las cosas
te nombren.
Donde te presientas.

LXXVII. La pena

Buscas
la culpa
como si fuese tuya,
en cada agujero
resquebrajado
del alma.
La buscas,
como una pena,
negra.
Te enfrentas a ella.
La golpeas.

LXXVIII. No hay lugar para esconderse

«Aquí
en esta orilla blanca
del lecho donde duermes
estoy al borde mismo
de tu sueño [...]»
PEDRO SALINAS

No hay muchos
lugares donde ir
cuando termina tu desconsuelo
y te refugias en ti.
No hay desperdicio
en el tiempo que te abraza,
en el espacio
que callado te esconde.
No hay cobijo
después de tus ausencias.
No hay sombras
en el espacio que
dejas morir.
La melancolía te alejó
de todos.
¿Acaso te da igual vivir?
Todos lloran por ti.
A escondidas.
Por tu alma herida.
Aún lates
en la mente
de quien te sufre, de quien te ama.

Te hacen duelo en vida.
Te lloran
como pueden.
A trozos.
Estás rompiendo incluso
las fases de la luna
con tus delirios.
No hay muchos sitios donde ir.
Cuando termina tu
daño el aire está
impregnado de
nostalgia.

LXXIX. Regresas a ti

A mi sobrina Carolina, por tu fortaleza
ante las adversidades

Regresas a ti.
Pétalos
germinan
en tus ojos.
La luz
se ha encendido.
Amaneces
en tus ojeras.
Desnuda.
Viva.
Abierta
en la orilla,
vuelves
a la esperanza
de sonreír.

LXXX. La cura

«Aquel momento que flota
nos toca con su misterio».
José Hierro

Curarse.
Dejar los pechos
enterrados
en tu invierno.
Un invierno olvidado
frente a un mal
que
impresiona.
Lavarse la cara
cada día.
Dejar la tristeza
guardada
en forma de huella
sobre un armario.
Caminar sobre una constelación
de pensamientos oscuros.
Curarse.
Lavarse, ponerse
las cremas que
ensombrecen el delito.
Mirarse. Sin ojos.
¿Cómo quererse y no mirarse?
¿Cómo buscar los límites
de ti y tu locura?

Sentir el aire
que entra por la ventana,
empezar a extenderlo
sobre tu piel
como brisa.
No sabes cómo abrazar
tanta alegría y el corazón
se hunde en un océano
de palabras.

Vivir es lo único
que anhelas.
Vivir.
Sentir en tus manos
la eterna sensación
de la inmortalidad.

LXXXI. Tu presente

«Tú no puedes volver atrás
porque la vida ya te empuja
como un aullido interminable».
José Agustín Goytisolo

Te presentas en tu presente
vestida de sangre y dolor
y refugiada en tu cuerpo
pequeño siempre dices
que eres
como una mancha de Dios.
A veces te encuentras
descubriendo la soledad
que te cubre como hiedra.
Te presentas delante
de todos con los
brazos amplios, las
heridas
descarnadas, con la venganza
de la culpa enferma y segada.
La culpa no es nuestra, ni tuya.
Nadie tiene la culpa de empequeñecerse
ante el sufrimiento
que camina y se detiene
como un gesto que llora,
cegado de luz o a oscuras.
Te presentas ante nosotros
tratando de recordar quién eras.
Entre sueños.

Como una luna nueva
nos haces recordar tus ojos vivos,
tus labios rojos,
tu ternura.

Como libélula que se convierte
en mariposa.
Sales de ti, de tu dolor,
y buscas el momento
de la esperanza
en que a todos besas,
a todos miras,
a todos te muestras
como una mujer
entre varios caminos
que aguardaban
el despertar de una pesadilla.
Te presentas
tímida, tras meses
encerrada
en tu silencio.
Deseas entrar desnuda
y sin espinas
en la infinita luz.
La ira queda
abandonada en su
sombra y el triunfo de
vivir resucita
en la tierra que cada día besas.

La tierra que engendras es
un continente renovado,
que dulce abriga
el sonido de los
pájaros al volar.

LXXXII. Dale otra vida

Otorga otra vida,
ardiente deseo
que has combatido,
para estar cerca
de la frontera
donde las cenizas
queman.
Otorga otra vida
para no
desangrarte
y arropada por el amor
sentir las llamas
que cauterizan la desesperación.
Otorga otra vida,
para disfrutar
la ausencia que ahora te palpa
y no tropezar nuevamente
en la estación del miedo.

LXXXIII. Llegaste con el frío

«Que no hagan callo las cosas ni en el alma
ni en el cuerpo [...]»
LEÓN FELIPE

A Isabel Corbacho, por su luz

Lo mismo que el frío llegó
de golpe a tu vida
y la pena todo lo anegó
de llantos y miedos,
llegó la brisa
del mar sereno
y los rayos que colman
la mañana de alegría.
Empiezas a regalar miradas
destiladas de sonrisas cómplices.
Tu risa es contagiosa,
se desborda entre tus
dedos, ahora tus pupilas
brillan como agua limpia
y tu pelo comienza a crecer
a trozos.
Quedas inmóvil.
Mirando todas las cosas.
Todo recobra un nuevo sentido.
Los marcos con sus fotos,
las alfombras, los muebles,
el color de las paredes,
el olor de la casa, la ropa
y el suelo que pisas.

Ahora quieres habitar
esta tierra que te abraza.
Abrazar al alma, también.
Sacar el polvo de tu mente,
airear tu conciencia.
No es fácil sonreír
después de meses de lamentos,
de sesiones interminables de dolor.
Has sido una mancha
en la geografía de Dios.

En la pequeña cama
que consumía
tus sueños
visitabas en
paseos el mar,
sentías sus olas
y el sonido te embriagaba.
Solo querías despertar
sin dolor. Vivir.
Mirar las nubes
mezcladas en el inmenso
azul del cielo y sentir temblar
las manos
y el corazón.
Solo pisar la tierra,
apretarla contra los zapatos,
arrastrarla con las uñas,
besarla y morderla
de alegría.

LXXXIV. La piel que te esconde

«Que no,
no puede ser así,
sabor de cáliz
en la sala de urgencia del espejo».
LUIS GARCÍA MONTERO

Ajena a todo,
transcurres
como quien busca
en la quietud
el movimiento de las cosas.
Has resucitado
de tus pesadillas
y tu enfermedad
ha dejado un rastro de dolor
en el pasado,
que aún huele
a metal
podrido.
Ajena a todo.
Casi levitando. Vas.
De ti a todas partes.
Todo está escondido
en la profunda grieta
que dejaste encendida.

No es fácil correr
un velo y quedarse
sentados tras la cortina,
como si nada hubiese pasado.

No se desplaza la muerte
hacia la vida
como quien nace escondido
entre misterios.
Hemos enterrado el paraíso
mientras sudabas las sábanas
cada noche,
limpiando
los miedos con
lágrimas. Sin saber si tu
cuerpo se anclaba en
un mar de llanto
o si resucitaba.
Una vez más
entre la piel que te viste.

LXXXV. Eres un suspiro de tristeza

«Desierta.
Resto ya te ti misma, los bellos días ignoras».
ÁNGELES MORA

A veces sientes entre la bruma
que te vienen a buscar
y te escondes en tus ojos cerrados
y tus manos apretadas.
A veces sientes que te vienen a buscar
y los dientes se te rompen
de apretarlos
y te hincas las uñas
en las manos.
Sientes miedo.
A veces sientes que te vienen a buscar
y tu cuerpo queda tan rígido
que parece una estatua de mármol.
A veces sientes que te vienen a buscar
y te orinas encima
y te agarras
al vacío que te rodea.
Estás sola,
envuelta en un gran calor. Sola.
Oyes a Dios y le pides volver.
No quieres irte.

LXXXVI. Aquí está el infierno

Cuando ante ti
el destino revela el peligro
y ves mejor que nadie,
ahora,
que la inmortalidad
no existe,
sientes la tranquila
transparencia
de sentirte a salvo
de un infierno
infinito.

LXXXVII. Tu interior

Tu
interior
parece
un musgo muerto,
donde podrán
nacer flores
frescas
con un poco
de agua
y tierra.

LXXXVIII. Los rostros

Si tuvieras que esperar
aquí sentada para renacer
todo lo que has desvivido
con tu dolor y tu ira.
También tu
pena. Quizás
tendrías que
repoblar
el alma
de todos
para conseguir
que los rostros
de nuevo
te acaricien.

LXXXIX. ¿Qué fue lo que pasó?

¿Qué fue lo que pasó
para que la luz
de tu rostro
comenzase
de nuevo a brillar?
¿Acaso Dios encendió
las luces de tu alma,
y ese mismo
rostro que estaba
vestido de tristeza
se transformó en relámpago?
¿Qué fue lo que pasó
para que la esperanza
naciese entre la vida?
¿Acaso viste que no estaba
todo perdido?
Que tras la hondura
de la nostalgia
y la bravura del viento negro,
que arrasó tu conciencia,
existe el aliento
de sobrevivir.

XC. La vida

Tu
vida
está
escrita
en tu frente.
Dispuesta
a esculpir
su tiempo
en tus ojos.
Nuevamente
te enfrentas
a un espejo
y pareces
un tallo,
o un
tronco
dispuesto
a recorrer
con sus raíces
el suelo
y besar
la tierra.

XCI. Tienes que volver a construirte

Tienes que volver a construirte.
A caminar los caminos
ya olvidados.
A soñar en las mismas sábanas
y abrazarte en los mismos brazos.
Tienes que volver a ser
quien eras.
Observar de nuevo
el mundo para
volver a hallarte.

XCII. Desde ahora

Desde ahora
no volverás
a ser
lo contrario
de ti misma.

XCIII. Fuiste a buscarte

A Cristina y su inmensa mirada

Fuiste a explorar
por la arena
donde se escondían
los pasos de tus espíritus.
Y encontraste huellas
de enigmas
entre las ruinas
de grandes vivencias,
donde tus ojos recuerdan
su vuelo en un mar inmenso.
Ese mar imaginario que te ahogaba
entre tu angustia
y contra el que luchas
una y otra vez
para volver a ti.

XCIV. Tu madre

Recuerdas con lazos
de pasado
dos brazos
que te aprietan,
esos son
los brazos
de tu madre.

Deambulando
entre praderas de lucha
se escapó del paraíso
para venir
a tu averno.

Tu madre renunció
a la gloria
para acompañarte en tu angustia
y caminar a tu lado.

Tu madre
cruzó las inmensas tinieblas
para encontrarte
y estar en el aire
que respiras.

XCV. A partir de ahora

«Tú eres el viento que pasa, mujer,
helando de pavor las varas del jacinto,
los ramos de nardo, las cúpulas de azucena.
Tú eres sí como la muerte. Tú pasas. Tú quedas».
ANTONIO ENRIQUE

¿Cómo pueden extenderse tus brazos sobre el aliento
de Dios, sin tocarlo?
Has visto su rostro oculto en las mañanas.
Su mano te ha mantenido como una columna.Erguida.
Tu cuerpo ha dejado de ser una ruina que va
dejando huella
en el olor de jazmines y madreselvas.
¿Para qué bajar las pestañas mientras el misterio
de vivir se
presenta en el estandarte de tus batallas?
¿Para qué arder en la inútil combustión de una
melancolía callada
pudiendo germinar en las manos del Creador?
Suenan trompetas en las cúpulas del cielo
y salen a tu encuentro las ausencias.
El aliento de tu corazón te traspasa.
Descubrirás los espíritus que te han escondido.
¿Quién ha guardado tu invierno y con alegría ha
conservado
tus labios para que no mueran y puedan seguir
amando?
A partir de ahora solo quieres vivir y, si mueres,
morir sonriendo.

XCVI. La primavera de tu vida

La primavera
de tu vida
camina
hacia su lugar.
Quiere
empezar
a vivir sin dudas.

XCVII. Orgullo de mujer

Has quebrado
las costumbres
de todo ser humano.
Has sudado
óxido
y has sido
un cadáver sin morir.
Todo tiene dos
caminos
y los dos los anduviste,
siempre con tu orgullo
de mujer.

XCVIII. Ver las sombras

¿Por qué has visto
lo que nadie ve
y sentido
lo que nadie siente?
¿Por qué has visitado
el invisible estado
de las cosas
y has masticado
el olor de la carne podrida?
¿Por qué has volado
de la mano de
espíritus ancestrales
que te devuelven
a la vida?
¿Por qué has besado
las manos de Dios?
¿En su sombra acaso
has sobrevivido?

XCIX. El cuento de las olas

Las olas cuentan
que un alma volvió,
de la tenebrosidad
al crepúsculo.
Enmudecida al recordar
el último cuerpo
que apareció sin carne,
envuelto en pena.
De la pesadumbre nació un llanto
y de ese llanto una esperanza
y de la esperanza tú, renacida.
Y llevaba tu nombre.

C. Te acostumbras

> «Se te caerá el pelo sobre cada superficie a la que
> te acerques:
> caerá sobre nuevos alfabetos y nuevas palabras».
> Maijo Mora

¿Te acostumbras a tu
pecho sólido como una
piedra, llano y sin lustre?
¿Tu pecho se acostumbró
al silencio
que fluye de la sangre,
que hierve en tu
carne?
¿En tus sueños te abrasas?
¿Te escondes en los dedos
que te tocan?
¿Sientes la dureza
de un desierto
al flotar tu tristeza
en tu invisibilidad?
¿Te instalas en tus
ojos desencajados?

¿No puedes dejar de caer
en tu hundimiento?
¿Ya no tienes palabras
de futuro?
¿Sufres en los latidos
que ocultas, en la boca seca,

en el cansancio que te lleva
junto a la agonía?
¿Te escondes en tu secreto
gélido, en el débil pensamiento
que te abraza?

¿Inmóvil finges ser aire
cuando sabes que la tierra te llama?
Ya formas parte de sus ruinas.

CI. Noches en blanco

«El amor es un pájaro
y a ti te quedan pequeñas todas las metáforas».
ELVIRA SASTRE

Noches
en blanco.
Instantes de cordura.
Tapices
de esperanza
que cicatrizan tu vida.

¿Piensas seguir adelante,
escondiendo la herida,
a pesar del tormento?

Alguien ya
te ve ceniza.
Desnuda.
Con los ojos cerrados.
Oscura.

¿Te has
ocultado en el invisible
silencio
de quien se sabe plenitud?

Tu cuerpo está vivo
como una luminaria
que levita y traspasa el horizonte.

CII. El muro

¿Y si el muro
que levantas
arranca tus manos
y caes
detrás
de la fragilidad
que te esconde?

CIII. Sin mentiras

«Mi vida ha sido capricho, impulso, pasión, anhelo de la soledad, mofa de las cosas de este mundo [...]»

EDGAR ALLAN POE

No vas a decir mentiras.
Ni quieres que te las digan.
Nunca sentiste la puerta,
cerrada,
después de tantos años
abrigando falsas esperanzas.
No vas a decir mentiras,
sobre el padecimiento que va y viene.
Ni siquiera en el silencio
que rompen las campanas.
¿Piensas que no son para ti?
No quieres mentiras.

CIV. Los poetas te nombran

Hay días
que me recuerdas
al olmo seco
de don Antonio Machado,
envejecido por el sol.
En tu cara veo
el musgo amarillento
y en tus brazos
el tronco carcomido.
Otros días me recuerdas
a la tarde que cae,
del poeta Antonio Enrique.
Mientras caía
creyó ver caer el mundo.
Quizás el tuyo.
El que descansa
en la línea que separa la bruma
de tu sueño.
¿No duermes al ver caer la tarde?
Hay días que viste
la cara de Góngora
y recuerdas
que «ayer naciste
y morirás mañana».
Hay lugares,
como decía Lope de Vega,
con fuego en el alma
y en la vida infierno,

y días en que Bécquer te
devolverá con sus versos
a casa, esa casa donde una y otra vez
vuelven «las oscuras
golondrinas».
Hay días tan tristes
que ves a Jorge Manrique
llorando en tus ojos
y sientes
como se viene la muerte
tan callando.

Piensas que Pedro Salinas
escribió para ti,
tú vives siempre en tus actos
y olvidas los enigmas de tu tristeza.
Hay poetas que parecieron
escribir tu vida
y dar nombre
al sonámbulo atardecer,
incluso antes de que tú nacieses.
Alejandra Pizarnik
te pensó como Hija del viento.
¿Crees que Alejandra
predijo tu cáncer
al decir han venido,
invaden mi sangre.
¿Huelen a plumas,
a carencias, a llanto?

Ahora que los días
huelen a óxido y arena
y los recuerdos
de tantos libros
se agolpan
en el aire
que contemplo,
siento la voz
de Dámaso Alonso
diciéndote:
¿A dónde va esa mujer,
arrastrándose por la acera,
ahora que es casi de noche,
con la alcuza en la mano?
¿Acaso a guardar el aceite?

Ya no necesitas el Santo Sacramento.

CV. Pensamientos

> «No pienses en la vuelta. ¡Alma mía!
> La vida es sólo ida».
> MOHAMED MILOUD GHARRAFI

Desolación. Ventanas cerradas.
Pies cosidos a la tierra.
Conciencia exhausta.
Dolor hondo.
Sería fácil creer.
Confundirse
de alguna manera
entre el alboroto
del mundo.
Pensamientos y eternidad
cerrados por una cremallera gris. Inmensa.

CVI. La espiga de cebada

Tu cuerpo
parece una espiga
de cebada.
Tan delgado, tan solo,
como si albergara
el alma, y nada más.
Levantada del suelo estás,
cabalgando entre un aire
que te atraviesa.
Tu cuerpo tan sencillo,
como una nube
que se confunde
con los pájaros.
Pareces toda tú
una espiga de cebada.
Seca.
Lista para servir
de comida a los gorriones,
y volar.

CVII. El túnel

¿Has pisado una escalera
equivocada
en el túnel
de la vida
y has caído
en una tela de araña?
Sombra
oscura, que te ata al gran
espacio que abarca
una pregunta que Asherah te hace.
Si respondes tendrás salida.
¿Juegas?

CVIII. La herida

Un ejército de heridas
te envuelve
como a una reina
en sus telas roídas de siglos.

CIX. Puertas cerradas

«¡Qué enigmática asciende la magia en esta pesadilla
imprevisible.
Irrumpe liberada la saliva por la garganta
hasta enrocarse como sinfonía a los sentidos».
Manuel Vilchez García de Garss

Hay puertas herméticas
y palabras apartadas,
pensamientos que en la sombra
sacuden el polvo
que baila como brasas,
con el aire de tus noches.
Hay sangre que brota
del aullido,
que extraviado
contempla un sepulcro.
Hay puertas cerradas
que sostienen el sollozo
de un destello.
Al otro lado están.
Mientras depositas
el reflejo de tu
miedo
en una habitación recóndita.

CX. Espanto

Cuando las células nocivas
crecen como el crepúsculo
frente a tus ojos,
un sentimiento se hunde
en tu alma.

Sin tregua
y con las astillas
del dolor
trepando
entre tu
espanto, huyes
buscando un
refugio,
en los brazos
del Creador.

CXI. Añoranza

Palpas tus pechos
y te duele su ausencia.
A ciegas los tocas
y solo notas siluetas en penumbra.
Añoras la carne
y sus formas.

CXII. Nada tiene nombre

¿Y si quitamos el nombre
a todas las cosas
y decimos que ahora
el amor no es amor,
ni la luna luna,
ni la tarde tarde.
¿Ni el dolor
dolor?
¿Y si de pronto
nada tuviese nombre
al despertar?
Todo ausencia, silencio.
Todo callado.
Nada significa lo que nombras.
Solo el profundo estallido
del silencio reina.
Nada es lo que es.

CXIII. Te vi

Te vi
con un lápiz
trazar rayas
infinitas
en una hoja
de cartón.
Como
una niña
con un palo
que traza
líneas
en la arena
de una playa.
Trazabas
líneas
que parecían
un vestido
para vestir al mar. Azul.
Trenzabas un caos
en tus ojos
y olvidabas
tu dolor.
Tus ojos
parecían dos águilas
que huían de ti.
Tu boca
parecía un
aliento de
mercurio, donde

la espuma
formaba nubes
que atrapaban
las angustias.
Tus manos
parecían piedras.
Te vi
con un lápiz
trazar
rayas
infinitas.
Vencer la memoria
que siempre huye
del dolor.
Las águilas huyen
de las pesadillas
de tus ojos. Asustadas.
Escondiendo
la nostalgia
en un cementerio
oculto
donde guardas tus secretos.
Te vi tan triste
que tu voz se detuvo
en tu pecho,
vestida de ausencia,
y
tu latido volaba
tan fuerte
hacia la eternidad que añoras.

Dibujabas rayas
en un cartón infinito.
Rayas infinitas.
Tiempo infinito.
Infinito.
Interminable,
como cuando esperas
en un profundo túnel
la luz que no llega.

CXIV. Vivir

«Lavada está mi vida
en virtud de su asombro».
José Manuel Caballero Bonald

Nos aferramos a la vida
como la tierra al camino,
la raíz del ciprés a la vereda,
o la suela del zapato
al suelo que nos sostiene.
Perdemos el horizonte
pensando en atrocidades
y banalizamos el mundo.
Mantenemos la cabeza
desnuda haciendo el
amor
con las formas de las nubes.
Acariciamos las alas
de los pájaros desnudos,
guardando su felicidad.
Conseguimos raras veces
dejar de ser nosotros
y convertirnos en esferas,
tendidas en la atmósfera
de un desierto.
Deseamos ser felices
como aves que flotan
en el mar y vuelan,
en su paraíso infinito.

CXV. Cierra la puerta

¿Cierras la puerta?
Quién sabe
si para encerrarte contigo
o para hundirte
en el sótano que te engendra.
Llevas el dolor esculpido
en los ojos y
la mirada
llena de espinas.
Tu cara no es tu cara.
¿Cierras la puerta
del alma herida
y te quedas sola?
Librando una batalla
que te busca,
con un ser que te quiere asesinar.
¿Cierras la puerta
con las manos mordidas
y el corazón
callado?
Te encuentras
penetrada de espanto,
con toda tu vida
exiliada.

CXVI. Los escombros

A lo lejos, se ven los escombros
de tus malos sueños.
Pintorescos,
como los de una niña cansada.
Castillos en el aire.
Recuerdos que caben
en dos manos apretadas.
Pasan de largo,
y te ven sola,
con semblante serio,
sintiendo en el corazón
el pálpito
de quien espera
una llanura
y se encuentra
una estocada.

CXVII. Piensas que nunca saldrás de tu cuerpo

«Porque tú eres la cara de Dios
hecha hembra,
porque tú eres su cuerpo
sufriente, doloroso y mortal».
ANTONIO ENRIQUE

¿Piensas
que nunca
podrás salir
de tu
cuerpo,
impulsada
por el trágico
pensamiento de vivir?
¿Permaneces fecundando
la lluvia
que moja
la esperanza
que añoras?
Magullada
te dispersas
en una mente lúcida.
Es triste
saberlo todo.
Tener conciencia
de lo que suena
en tu fondo.

CXVIII. En el pedestal de tus sueños

Este poema es la sombra
de tu vida,
fugaz resplandor
que sumerges en tus párpados
violetas.
Este poema es el pedestal
donde la tarde se alza
como estatua que magnánima
señala el lugar
donde te refugias.
Este poema apenas
tiene el alma inquieta
y esconde sus palabras
en las brasas de tu boca.
Apenas busca entre tus dedos
hacerse eterno.
Ya solo te inquieta
el tránsito que escapa
de tu boca
hacia las sílabas
que vuelan
cuando hablas.
Las palabras que hieren
como chillidos
a la familia que te aguarda.
Estos versos son solo
llamas que queman los ojos,
tristeza infinita.

¿Ya nada se esconde
entre tu vida y la muerte,
entre tus deseos
y tu pozo infinito?

CXIX. Bostezos

Los gallos hoy pensaron
que debías levantarte
más temprano.
Aún la noche
y tus ojos están dibujando
un sueño entero,
esconde la luz
robusto
de praderas y valles
sobre la tierra de tu infancia.
Se oye el ruido
de algunos coches.
El canto de los pájaros
presagia un día claro
y los primeros y tímidos
hilos de luz se cruzan
por la ventana.
Hay nidos de golondrinas cerca.
Las golondrinas
siempre vuelven al mismo nido.
La gente y su alboroto
pronto inundan tu barrio.
Bostezas,
estiras los brazos
como si fueses
una mariposa.
Enmudecida, tiemblas
y te asustas.

Te aguarda un día
de estatua, incierto.
Como si fueses nieve
inmóvil sobre las cumbres.
Hoy el cielo, quieto, te mira.

CXX. Si tu voz fuese viento

«Todo lo que veo lo trago de inmediato tal como es,
sin que me empañen ni el amor ni el disgusto».
SYLVIA PLATH

A María

Si tu voz fuese viento,
tus oídos agua,
tus manos árboles
y tus pies tierra,
parecerías la llama
de un candelabro
encendido en el centro
de tu existencia.

CXXI. Piedras negras

No siempre está triste
tu cielo,
pues sonríes cuando
paseas por los campos
y ves los almendros
en flor y la orilla
de los caminos verde,
como tus prados internos.
¿Quieres borrar cuanto te pasa?
Como el viento
borra de la tierra
sus heridas
y dejar la amargura,
que gruñe en tus dientes,
enterrada en un bosque
de piedras negras.

CXXII. Los primeros días

«En el aire conmovido
mueve la luna sus brazos
y enseña, lúbrica y pura,
sus senos de duro estaño».
Federico García Lorca

Durante los primeros días
de la enfermedad
te escondiste, para no sentir un soplo
de aire sobre la amargura
del tiempo que te asfixiaba.
Tus manos paseaban
el temblor sobre la soledad
de un tiempo quieto.
Paseaste sobre el otoño,
sobre el agua,
sobre cielos grises
que buscan refugio
en cualquier paraíso.
Durante los primeros meses
rezaste,
hasta acumular polvo
en las manos y ver cómo la hierba
crecía entre los dedos.

No esperaste a que Dios
hablase en el pozo de la conciencia
y creaste caminos que sedujeron
tu miedo.

CXXIII. Memorias

¿No quieres pensar en otros tiempos?
Tiempos con nosotros.
De luz y grandes lunas.
¿No quieres esconder
la oscuridad callada
que nace de tu dolor?
¿No quieres
andar pensando en morir
sin haber muerto,
ni arrastrar el presente
a un futuro incierto?
¿No quieres
pensar en tiempos
sin nosotros,
donde ya todo es
un hueco?
Toca vivir, ahora,
momentos rotos.
Presente
de carne
olvidada.
Pesadilla
que regresa encendida.
Manos
llenas de súplica.
Ojos que vuelven
a descubrir
en el litoral

de tus
pestañas la
bocanada
de un instante
que, lleno de
lluvia y sangre,
te devuelve a tu rutina.

CXXIV. Volavérunt

«Parece que los ojos se te hubieran volado
y parece que un beso te cerrara la boca».
FEDERICO GARCÍA LORCA

¿Ya no gritas?
Todo te dice que
terminas. La noche
iluminada.
Los desconocidos
recuerdos
que se difuminan
en tus lágrimas.
Todo te
lleva a un
día y
una hora
triste y sombría,
que se diluye
en el vidrio
de tus ojos.
¿Ya no
lloras ni ocultas lo que
esconde tu alma sin
brillo?
Corres desnuda
sobre esparto seco,
rodeada de un tiempo
que tiembla.

Criaturas
extrañas te persiguen.
Desgarradas y cubiertas
de sangre.
Almas negras.

Abres la boca
como quien
busca alimentarse
de la carne
que te extingue.
Vuelan espíritus celestes
entre la niebla,
corres
creyendo que son
demonios negros.
A un lado
reposas como una estampa,
al otro, el secreto
de la muerte
rodea todo
lo que has perdido.
Lugar callado
y transparente
que no grita,
solo
te empapa
de pánico
cuando
doblan las campanas,
y el sonido abanica
el viento.

Los aromas
de flores secas
con su
fragancia
silenciosa
llenan
el altar de tu rostro.

CXXV. Desde que tú no has muerto

I

Desde que tú no has muerto
no dejas de arañar el aire,
esperando no encontrar nada
y torturando los sueños perdidos
que siempre creíste posibles.
Ahora no son más que una oruga
podrida, perdida en el jardín
de los que nunca serán mariposas.
Al nacer la tarde
te tiendes en el esparto de tu cuerpo,
enjuto
y sobre el recuerdo
de quien fuiste
construyes ilusiones
y
pájaros
en
el
aire.
Los sueños perdidos
perduran,
cubiertos de finos hilos.
Se han curtido en la tristeza.

Desde
que
tú
no
has
muerto
la vida sigue a golpes
cincelando la risa en tu sombra.

II

Todos los días son domingo
por la tarde.
Contemplas en tu cuarto
las costras de la pintura envejecida.
Te quedas dormida masticando
la invisible sombra del tiempo que pasa
y no se detiene.
Tus manos acarician los lomos
de un viejo libro.
Abrazada al silencio de tu clausura
desnudas tus miedos.
Regresar al infierno no es propio
de un alma blanca.
Ahora eres un cuerpo no muerto,
esencia de una sangre que hierve,
de un todo que existe.

CXXVI. Pareces vivir en una ejecución

Pareces vivir cada día una ejecución
que encuentra en tu rostro
el dolor más divino.
¿Te sientes atada a un mástil mientras
la quimioterapia te hace rozar
los átomos en lo más profundo del universo?
Acaricias con tus dedos tu rostro mientras rezas.
Diriges tu oración a tu propia tempestad,
al encuentro con el vacío al que huyes.
Pareces vivir cada día una ejecución
donde los labios agrietados gritan
hacia el interior de un mundo exhausto.
Calcinado.

CXXVII. Estás triste

«Los suspiros se escapan de su boca de fresa,
que ha perdido la risa, que ha perdido el color.
La princesa está pálida en su silla de oro [...]»
RUBÉN DARÍO

Hoy estás triste.
¿Te pensaste sana,
con los cabellos
largos
y tu sonrisa
de niña?
¿Pensaste en tus años de EGB,
en el instituto,
donde te besaron
por primera vez?
¿Pensaste
en los veranos
junto a la pandilla?
Hoy estás triste.
Asalta tu memoria
la bicicleta BH
con la que tantos paseos
diste por las tardes
en el pueblo,
hasta llegar al
arroyo y beber agua
fresca y mojar la
cara sintiendo el frío
que de la tierra nace.

¿Recordaste tu primera noche
en la discoteca,
tu manera de bailar,
tus risas?
¿Tu primer novio,
tu primer beso?
Hoy en ti
brilla la tristeza
y no hay maquillaje que
engañe lo que el alma dice,
lo que el alma siente.
¿Recuerdas los paseos
al amanecer,
el sol bravo
naciendo detrás de las
montañas? Hoy recordaste las
noches sentada en la puerta
con tus abuelos.
¿Sentiste el escalofrío
de su presencia?
¿Recordaste cómo ha pasado el tiempo?
¿Cuánta gente te falta?
¿Estás triste,
como la soledad del mundo,
como el espejo frente
al que te enfrentas
cada mañana?
Te inclinas sobre
las lágrimas de la oscuridad
que encuentras en tus recuerdos.

Sobre la carne limpia de tus manos
y los ojos brillantes
de tu infancia.

CXXVIII. Niegas que existes

Comienzas a negar que existes,
como si fuese tan sencillo
decidir si eres o no eres,
si fuiste o serás.
Te adentras en el significado
de no amanecer,
en la imagen de unas arterias cerradas.
Te regocijas en la indiferencia
donde el olvido y la ira
se trenzan como hilo grueso.
No eres más que tu frialdad
abandonada en tus manos heladas.
Atraviesas con los ojos
la niebla y el olor
de tu sangre,
que asciende de la tierra.

IV

TU APOCALIPSIS

CXXIX. Pesadilla

Cerca de ti siempre hay una rosa clavada
en un campo ensangrentado.
Te vuelves y escarbas en la tierra
buscando tus entrañas y besas la escarcha
que cubre las piedras como un manto amoroso.
Miras el horizonte y se abren caminos quemados,
cuerpos abrazados que gritan
a los cuatro vientos suplicando agua
de lluvia que los calme.
Cae la noche y las estrellas se clavan en la oscuridad,
encima de lo que fue hierba
verde durante el día.
Los almendros esparcidos en tus ojos
son ánimas extrañas, desarmados de ofensas y
extirpados como fruto seco, como la tierra de profecías.
Cerca de tus labios maduran unas profundas ramas
de hojas grandes, majestuosas.
Beben de tu boca y no escatiman en reírse
de lo absurdo que es el momento.
La materia oscura esculpe el silencio y lo guarda en
    una urna.
El cielo parece el mar y el espanto de los girasoles
invertidos se ve en el horizonte junto a las nubes.
Caballos verdes corren entre una cascada de sangre,
galopan entre valles escondidos en inmensas montañas.
Los miras, envidiando su fuerza y su belleza.
Te miran, escondidos entre el follaje alto
que cubre la mayor parte de la tierra.
La muerte parece haber dibujado esta escena.

La luna es una bastarda transparente,
desheredada de la claridad del sol.
¡Oh, la luna!
Y su silencio,
colgado de columnas
donde Satanás azota
a quien lo mira.
El espanto de la tierra cruje como castañas asadas
y se derrite como el hielo en tus brasas.
Tu corazón avanza hacia una taquicardia,
tu pesadilla es el eterno viento que sopla en tu
intestino.
La fuerza de la tierra te quema y tu mirada es hacia
adentro.
Tenebrosa.
La fiebre se atrinchera en tu invierno.
Montan guardia cientos de jinetes con calaveras de nácar
y brazos de bronce corren hacia todos lados como
ánimas errantes.
Los pájaros se estrellan contra las nubes
y caen muertos,
cubren el suelo
y al caminar sientes sus pequeñas cabezas crujir
sobre tus pies descalzos.
Se avecina una tormenta.
A ratos parece el suelo una trinchera
y se oyen disparos sobre la niebla que nos avisa
de un miedo que busca presas para ofender a Dios.
Ahora ves a cientos de corderos llorar,
están encima de la tierra sus cuerpos y sus
piernas enterradas como raíz que busca el sacrificio.

Unas balas se clavan en el aire,
quedan flotando quietas en la indiferencia de la
espesura que cierra el viento.
Parece que se destripa sin haber sido fecundado.
La sangre de la cascada lo inunda todo,
el calor rojo se mezcla con el fango y el
firmamento parece firmar el consentimiento de tu
asfixia.
Caballos muertos,
girasoles rojos,
miles de pájaros
con sus plumajes ensangrentados.
Pataleas, no eres una mártir,
ni quieres regalar tu ánima a una pesadilla.
Buscas el botón de una cisterna donde la tierra
se trague toda esta podredumbre.
Buscas entre los hilos de tu vida caminos
que te lleven a la razón que te sostenga.
Extrañas todo.
Quisieras salir de esa camisa de fuerza que sientes
en tu conciencia.
Ni siquiera una bandera blanca calma el ansia de
tus células enfermas.
Vuelves a mirar hacia adelante
y ves noches y alas de ángeles que se esconden.
No hay nada bueno que las manos deseen acariciar.
Filas de coches fúnebres se amontonan sobre
cipreses secos.
En el horror de tu esperanza cuelga
un desierto de caminos infinitos.

No quieres perdonar la primavera
y la batalla la ganó el frío que se esconde en tu falda.
La hierba no crece ya en tu vida.
Es la hora donde el esparto reina en los ojos de tu
   infancia.
Grandes campos abiertos donde la vista se destierra
y el aire huele a piedras antiguas.
Todo está invertido.
Los cielos se arrastran y el azul parece tierra,
los nidos persiguen a los pájaros,
tú llevas en los brazos un ánima acurrucada.
El olor a madre se hunde en tu pecho.
Pasan las horas diluidas en un vaso
que besas con tus labios perezosos.
Pasan los segundos y pesan los versos
como un pecado en la sombra de tus huesos.
Los jinetes del apocalipsis
siembran la imperfecta tentación de arrastrarse
por los surcos de unas zanjas escondidas
en los infiernos que imaginas.
Mucho más allá de Dios está el tiempo,
descarnado, vacío, grande como un monstruo.
Y supe que estabas ardiendo
en fogosos pastos mientras la inmensa boca
de los arcángeles soplaba para avivar el fuego.
Ardías de amor mientras los besos
se rendían bajo los sollozos de tu boca.
Y de las tinieblas la luz de la luna vino a despertarte.
Errante estaba tu sueño en el trajín de un cosmos
   caótico.

La pesada luz se derrama en tus ojos
y la piel recobró su color.
El espíritu errante que surcó infiernos
de la mano de demonios ahora te arrastraba a la luz.
El Dios de tus padres te miró, lo miraste.
Vuestra mirada fue la luz
y los astros forman la constelación de los que siguen
vivos.
Renacida viste la vida en ti.
La tocaste, supiste de su existencia.
Atrás quedaron los desiertos infinitos, los caballos
azules, las serpientes rojas,
las cabezas de palomas machacadas en el suelo.
El cielo en la tierra y en la tierra el averno.
Vivir vuelve a ser una opción en tus manos apretadas.
Olvidas a veces que la vida no es un sueño.
Las pesadillas que te invaden cuando tomas
tratamientos invasivos.
Te inundan. Te ahogan. Te agotan.
¿Y si todo fuese verdad?

CXXX. Los murciélagos

Los murciélagos están colgados
en tus sueños.
Seguros de estar en el sitio indicado.
Protegidos por seres sin luz.
Amamantando tus pesadillas,
absorbiendo el brillo de tus ojos,
chupando de tu alma
el ocaso divino.
Te arrastran en el sacrificio
que se postra en el santuario
de tu conciencia.
No estás en ti. Nada te alumbra.
Los querubines han cerrado los
ojos y Dios ha percibido la
oscuridad
que te encoje.
Las pesadillas
no son humanas.
Es el interior
quien las alumbra
y en su rostro se dibujan
figuras de esparto.
Los murciélagos
están dibujados
en la estela de tus noches,
llenando las cuevas
que anidas con tu miedo.

CXXXI. El cáliz

«En una noche oscura [...]»
San Juan de la Cruz

Bebes en silencio
el cáliz
que frío como un carámbano
entra en la llanura
de tu garganta,
hasta abarcar
toda la estancia
de tu cuerpo
y sembrar la oscuridad,
en el milagro
que cada día
en ti resucita.

CXXXIII. La espera

«Las olas dicen a la costa firme:
Todo será cumplido».
PABLO NERUDA

Sepultas en tus párpados
el deseo inesperado
de quien no quiere
ver. Empiezas a
imaginar el mundo a
oscuras.
Como si estuvieses enterrada
entre las pavesas de tu ceniza.
Escondida entre dos paredes negras,
alejas la posibilidad
de esconderte
en cuentos
que te curan.
Apagas la luz,
cierras la puerta,
te sientas en el sillón
y esperas.

CXXXIV. Tu sueño

La noche se destila
bajo la calma
que te has inventado.
A oscuras paseas por la casa,
descalza,
mientras todos duermen.
Escuchas entre tu desesperanza
la impresionante orquesta
de grillos que gritan
como cortejo
de almas hambrientas.
La noche ahuyenta la esperanza
y en cada
rincón
pareces encontrar
una despedida.
Escuchas en el silencio
sollozos,
el crujir de la rueda
del tiempo,
que no se detiene.
Cruel,
despiadado.
La noche te acerca
a tu universo,
al mundo que en ti renace.
La noche suspira,
camina entre praderas
de niebla y te llama.

Tú vas, asfixiada.
Te acercas
atravesando el vacío
que vives en cada
paso. La noche te
come, hasta dejarte
enjuta.
Deja tus huesos
amontonados
alrededor de las plegarias.
Mañana, de ellos volverás
a nacer, palpitando
como un sueño que resucita al despertar.

CXXXV. Tu tierra

«Las flores que dejé en el suelo,
que no junté para ti,
hoy las traigo de vuelta,
para dejarlas crecer eternamente [...]»
LEONARD COHEN

A Alejandra Rojas y su inmensa fortaleza

¿Quieres despertar de tu viaje
siendo una mariposa
que vuela sobre praderas
de hierba que huelen a pueblo?
¿Quieres permanecer allí
hasta que las alas
te dejan volar
y se conviertan
finalmente
en tierra?
Así sea.

CXXXVI. Nueva realidad

«La soledad es un regalo».
CHARLES BUKOWSKI

Una nube de lluvia y flores
te llama. Ve.
Arrástrate en su tormenta,
adéntrate en el agua
que del cosmos viaja
y ahora levita frente a ti.
Póstrate ante el mundo.
Dios te bautiza
en tu nuevo interior,
que sujeta tus ojos recién nacidos.
Preparados para ver
una realidad distinta.

CXXXVII. Un tiempo sometido

Los hombres ven en ti
un agujero que limita
con la esposa de Dios.
Estás en el borde
de lo que aún puede sentirse.
En la boca de un estado
que palpita,
sometido a los designios
de la suerte.
Vives como un quebrado rayo
que, desamparado
entre las nubes y las olas,
busca una ilusión que lo
abrace.
Los hombres ven en ti
la fuerza de vivir.
Serás flujo
de un nuevo
tiempo.

CXXXVIII. El vacío

La mirada de la soledad
es como morir a
pedradas, te desangra
lentamente hasta que el
corazón
queda vacío.
Qué decir
si de repente
el último latido
se rompe
y ensimismado
pronuncia tu nombre
y te mira a los ojos.

CXXXIX. Caminas

«Y las estrellas nunca se elevan sin dejar
de evocar sus radiantes ojos».
EDGAR ALLAN POE

Te desvelas.
Abres las ventanas.
La noche
te arroja
a olores
propios de la oscuridad,
en su silencio
encuentras el sonido
que te extiende el alma
hacia ese interior
donde escondes tus cosas.
Caminas
en zapatillas,
buscando
un vaso de agua.
Bebes como quien
quisiera regar la vida y
sembrarla de nuevo,
esperando
que brote una nueva memoria.
Asciendes con la cabeza
asomada por la ventana
hacia el olvido de una vida
andada.

Te refugias en la destrucción
del presente,
ves en las estrellas
pompas de jabón esperando
que exploten
y de ellas caiga
el dulce despertar
de un día sin dolor.

CXL. Sigues siendo hermosa

A mi sobrina Carolina, por ser un ángel en la tierra

Sigues siendo hermosa
y en tu rostro se sigue dibujando
la silueta de una niña serena.
Estiras la piel
y decidida empiezas
cada día con un
cuerpo distinto.
En tus ojos
atraviesas todos los senderos.
Aprendes a fingir,
a ser sin ser.
Es difícil convivir
con el gesto aprendido,
para no levantar
sospechas y ahorrarte
respuestas ante mil preguntas
demasiado incómodas.
No sabes quién serás mañana,
ni siquiera sabes del futuro
su lugar invisible.
Es difícil vestir la piel
de limpio cada día
sabiendo la suciedad
que te corrompe las entrañas.
La vida y tus células atardecen
como una melodía que te abriga.
Te alejas de todo. Extraña.

Cansada de sonreír.
Fuera de la soledad que vistes.
Este corazón tan pálido te abruma,
pasea tu supervivencia
en caminos artificiales. Mientras te escondes en ti.

CXLI. La ciudad dormida

> «A partir de todo lo que puedo ser, o haber sido
> antes,
> hoy puedo fundirme con el Universo y sentir
> lo que no puedo expresar, aunque me sea
> imposible ocultarlo».
>
> LORD BYRON

Paseas las últimas horas
de una ciudad que echa la persiana.
Llovizna y en algún balcón lejano se oyen
las notas de Chopin.
Algún taxi pasa tan rápido
que te salpica
el agua de los
charcos. El silencio en
la ciudad es más
silencio,
porque está acompañado
de soledad.
La soledad en la ciudad es
más soledad.
Caminas por calles
indiferentes.
Fumarás un cigarrillo
para oler la noche
distinta,
y recordar tiempos pasados.
Caminas sin rumbo
y sin miedo.

Los bares cierran.
Alguna tienda tiene los neones encendidos
y en los escaparates se exponen
las últimas tendencias.
La lluvia no deja de caer,
tenue, delicada,
nostálgica y desvelada.
El insomnio es propio
de tu cáncer,
de tu miedo.
De la secreta memoria
que en tus adentros
vives.

Buscas
en el aire
limpio
que huele
a flores y
a pino
encontrar
la salvación.

Nada
esperas,
nada
tratas de esconder
en el abrazo
de la luna negra, que te vigila.
Dejas las huellas en el camino que mañana
pisarán cientos de personas.

Nadie sabrá que pisó tus sueños,
que dejaste en el asfalto la niebla de tu nombre
y con los dedos
rozaste el aire,
que junto a la lluvia
besó tu rostro.
En la estación de tu
miedo, en el día de la cita
médica, en el temor de tu
tiempo.

Faltan horas
para que tu vacío se llene
de desengaño o de
libertad. Pronto caminarás
obligada a la realidad
que se caerá
del amanecer.
Son las siete.

Pronto estarás en la sala
de la soledad,
en pie,
como un mástil,
esperando
tu nombre.
Los primeros rayos de luz
encienden tus ojos.
Paseaste toda la noche
por la ciudad dormida.

Llegas al hotel, te escondes
en las sábanas,
un instante, antes de marchar.
A las nueve en punto
sabrás si el futuro lo escribe
la claridad del sol
o se va alejando
en un bosque oscuro.

CXLII. Abrir la corteza

«Fuimos de abril. Teníamos
una luz inefable, como un ala.
Flor o pájaro o nombre
del amor, en el sueño y en la rama».
Leopoldo de Luis

Te dije que si no
alcanzabas las ramas de los
árboles para arrancarlas del
tronco, cambiases de color
los pensamientos de tu
memoria. Te dije que si no
alcanzabas a abrir la corteza
de los sueños y untar
de soledad la madera
que se extiende en el círculo,
penetrases con tu nada
la reducida forma
que apenas ya
ocupas. La sombra de
tu peso, la palabra
desnuda que no dices.

El viento que masticas
te arropa.

—Te lo dije.
Inmóvil estás como la
tarde. Tu piel es como el
blanco de las alas
de esas palomas
que vuelan fuera del mundo.
Te lo dije.

Veo que no me hiciste caso,
porque tus ojos
están cerrados, descansando,
entre ramas y corteza.

CXLIII. ¿No ves la luz?

¿No ves casi la luz
que te ciega
al comenzar el día?
¿No oyes casi el estruendo
de los pájaros?
¿No sientes apenas el aire
envuelto en ruido?
Ligera caminas,
alrededor de ti,
tejiendo con la
mirada tu último
destino.
Desnudas
el contorno de la hora
que ahora
queda suspendido, levita,
entre tus dedos,
muda está como un silencio.
Desgarrada
quedas ante un corazón muerto,
que aún late.

CXLIV. Ojalá

Ojalá te empeñaras
en proteger tu vida
y no querer envolverla
en misterios.
Ojalá te perdieras
en el tiempo
que otros rescatan
y despertaras distinta.

Pareces agitada
en tus sueños.

Convertida estás
en una carnal
aventura
de supervivencia.

Ojalá el infinito
de tu ausencia
se detenga
en el otoño
y acompañado
por su viento
habite los deseos
que regresan
en la calma
de tu mirada.

CXLV. A veces mueres y resucitas al instante

«Si alguna vez vivo otra vez
será de la misma manera,
porque se puede repetir
mi nacimiento equivocado
y salir con otra corteza
cantando la misma tonada».
PABLO NERUDA

A veces mueres y resucitas
al instante.
Pierdes el sueño y te desplomas
en la casa de Dios.
Cuando marchas
el calor de tus ojos se transforma
de repente en el origen del
espanto.
A mitad del camino pierdes la cuenta
del lugar que ves
y lames las huellas
para revestirlas de sangre.
¿Y sabrás volver?
Al volver no eres quien eres,
ni tu casa te reconoce.
Vuelves de un laberinto
que esconde tu pena.
A veces mueres y resucitas
al instante.

CXLVI. Solo eres tu vida

Solo eres tu vida.
Cautiva estás
en la sombra
que la guarda.
Desde la memoria
estás acostumbrada
a leer tu nombre,
que ya pende
en el hilo del tiempo.
Solo eres tu vida.
¿Qué importa todo lo demás?

CXLVII. Naufragio

Después de un
naufragio proliferan los
fantasmas y te llaman.
Prodigan el silencio.
Profundo.
Y vacían tus sueños
de recuerdos.
Todo queda como una llanura
de piedras y esparto.
Pesadilla amarga.
Honda. Inmensa.

CXLVIII. Silencio solo, silencio compartido

«Qué espléndida laguna es el silencio
allá en la orilla una campana espera
pero nadie se anima a hundir un remo
en el espejo de las aguas quietas».
Mario Benedetti

Después de los gritos
siempre hay silencios.
Silencios exiguos
y silencios perpetuos.
Propios de un cuerpo
que se aleja y regresa.
Silencios solos
y silencios compartidos.
Detrás de tu dolor
encierras tus sentimientos.
Los guardas en un rincón,
preciso, lejos de todo.
A veces quisieras
guardarte en un cajón
y estar escondida
hasta que comulgues
con el tiempo que te busca.

CXLIX. Las células te muerden

Delicada estás,
por una infección salvaje.
Sobrevives
cogida del aliento
que casi se
rompe cuando el
aire
lo traspasa.
Las células
te muerden,
llegan con sus dientes
a ingerir tu emoción,
mientras tú te escondes
en la distancia
que separa
lo que quieres
de la realidad.

CL. Cumpleaños

Pronto
cumples años,
quieres
enseñarte
a vivir
como regalo.
¿Tan ciega
estás que no ves
nada de la
realidad?
¿Tus ojos
quieren
esconderse
en la memoria
y abrazarlo todo
como un misterio?

CLI. Vivir ausente

Con vosotras me acerco al ocaso.
Este libro existe porque vosotras existís.
Comenzó en el hueco
donde guardáis la nostalgia
y terminará en vuestra fascinación por vivir.

La melancolía,
la nostalgia, la soledad, la tristeza y
el miedo
acompañó a las defensas del cuerpo,
que se aferraron a vuestra carne
para salvaros.
Ahora sabemos
que vosotras, diosas de la tierra,
mujeres infinitas,
no sois el final.
Nada es más importante
que mirar adelante.
Cada palabra ha sido una conmoción.
Tras muchos golpes habéis sobrevivido
a esa vida,
que no creéis vuestra.
Habéis desaparecido
y envueltas en sudarios de seda
habéis regresado.
Nos habéis mirado a los ojos
suplicando no marchar.

Nos habéis sorprendido caminando
sobre vuestras brasas
y abriendo las puertas
cerradas.
Dejasteis vuestra piel pegada al suelo
mientras todos los ojos inundados
os miraban.
Alcanzasteis a abrazar el fondo
y creísteis que más daño no podríais sufrir.
Quedasteis huecas por dentro,
arañadas como una roca esculpida.
Pensasteis que no volveríais
a ver vuestro rostro
frente a frente,
olvidasteis vuestro cuerpo
en una tela de araña.
Rasgasteis vuestras mejillas.
Inocentemente quisisteis
escuchar vuestra muerte
envuelta en otoño.
Fuisteis duras, salvajes
como el esparto en los campos.
Abrasadas renacisteis de vosotras.
Vivisteis escondidas en la suela
de vuestros zapatos,
creísteis ser un resto
de comida para perros.
A vuestras manos llegó
quebrada una vida prestada, débil.
Como un rostro que se separa
del alma frente al espejo.

Ocupasteis un cuerpo
desecho,
consumido.
Parecían vuestros días noches.
No teníais
nada más que amor.
Y el amor os ha salvado.
Todos se quedaron a vuestro lado,
todos estaban cerca cuando
os sentíais solas.
Todos han estado queriéndoos,
escondidos en vuestros bolsillos,
paseando sus lágrimas
en vuestras ausencias.
Todos han llorado
hasta inundar de miedo sus
horas. Vivisteis ausentes de Dios
mientras cogíais su mano.
Vuestras tormentas siguen
vivas, pero en los ojos de todos
veis una zanja de luz,
un motivo para seguir vivas.
Vuestras espinas huelen a tallo,
vuestro tallo huele a flores.
Habéis vuelto a conocer el camino
que os lleva a casa.

CLII. Ángeles

«[…] ¿y teniendo yo más alma,
tengo menos libertad?»
CALDERÓN DE LA BARCA

Vuestra enfermedad
solo ha sido cuestión
de matemáticas.
La imperfección de Dios
os hizo seres de luz.
Sois ángeles
sobre una tierra amarga.
Vuestro miedo
no es más que la boca
de una cueva
que conduce al paraíso.
Cuando hechizáis
el viento al mover
vuestras alas,
todos tenemos miedo
de que al volar tan alto
ya nunca regreséis.

CLIII. Recuerdas

¿Recuerdas
la infancia,
lugar en el que no comprendías
nada y
todo te daba un poco
igual? Del viento robabas algunas
sílabas y del sol te gustaba
el silencio.

CLIV. Tus entrañas

Entre tus pechos
hay una palabra
que esconde
su tristeza.
Muda.
En tus cavidades
hay una tela de araña.
Gris.
Solo es un sonido.
Dentro
la vida
está
reconstruyéndose.

CLV. Una tormenta

A María, por tu alegría de vivir

Una pregunta
te puede
liberar
de la penumbra.
Recuerda
la memoria
de estos años,
el esfuerzo,
lo débil que has estado.
Recuerda
que eres, del tiempo,
su mariposa.
Eres fuerte.
No te rindas en los brazos
del destino,
espera
que amaine la tempestad
y lleguen las respuestas.

CLVI. Cada mañana

«[…] Siempre que llega la felicidad
nos produce menos alegría
de lo que cabe esperar […]»
KONSTANTINO KAVAFIS

Cada mañana
al despertarte
congelas la mirada
en tu luz.
Es un escándalo
la belleza
que transmites.
Cruje tu presencia
entre tus ojos.
La luz,
tus ojos.
Bastan.
Son motivo
suficiente
para querer
existir,
aunque sea menos
de lo esperado.

CLVII. Sueños

Sueñas
con
criaturas
que
ya
viven
en
horizontal.

CLVIII. El esparto

«¡Porque yo busco el vacío, y lo negro, y lo desnudo!»
CHARLES BAUDELAIRE

El esparto
seca su pena
en el fino
hilo que rasgan
las sombras
de las penas rotas.
Nace
de lo que no nace.
Renace,
como tú,
de la adversidad.

CLIX. Nada te turbe

«Nada te turbe;
nada te espante;
todo se pasa [...]»
Teresa Sánchez de Cepeda

Todas las personas
se engrandecen ante el mal.
Se destierran de su vida
y se convierten en bestias.
Temen perderse
en el amargo camino
que la existencia esconde,
guardado para su fin.
Si no sabes buscar
entre tus miedos la puerta
que da a tu pensamiento,
rasga la tela invisible
que la tristeza teje
entre tus ojos.
Todas las
personas se
engrandecen
en el hueco de su miedo.
Se hacen extensas
para sobrevivir.

CLX. Todas tus muertes

«[…] el aire estaba en calma.
Mas temblaban los cuerpos,
Como las ramas cuando el viento sopla,
Brotando de la noche con brazos tendidos […]»
LUIS CERNUDA

A Carmen Guerra

De todas tus casi muertes
la que más recuerdas
es la tercera.
Rara vez te encoges
en tu sangre
para guardar tu palidez.
En el miedo y con él
cobijas todos los
senderos que has
recorrido, huyendo.
Aún no sabes
cuántas muertes
más te aguardan.
Cuando ella dice tu nombre
te escondes en el tiempo,
entre las matas de tu esparto
que nacen en tu desierto
y la tierra que sustenta
tus raíces.

CLXI. Sueñas con pájaros

No sabes por qué los pájaros
aparecen siempre en tus sueños,
contando una historia
antigua.
Quizá en sus alas
se dibuja su
soledad y en tu
soledad
su vuelo. Infinito.
No sé por qué los pechos
los ves en un ave
que flota acariciando
el espacio transparente.
En la sombra que separa
la realidad que vives
del baile que tejen
en el aire.
Se dibuja una desnuda
mirada que acecha
la realidad.
Te ves vestida con alas
en tus sueños.
Desnuda.
Acariciando los primeros
vientos.
Siempre hay pájaros en tus sueños,
entre el sol y tu mirada,
dejan hijos de ascuas
encendidas.

Pájaros que bailan,
pájaros que esconden tu realidad
en su cuerpo.
Cuerpo que tú ves, sin pecho.

CLXII. La jaula

La idea de sentarse
en una jaula te incomoda,
como una catástrofe
que lo arrasa todo
y deja la tierra desnuda.
Sueñas con una jaula
de madera en tus miedos,
donde duermes.
Inundas su interior.
Ocupas todo el vacío
y oprimes los brazos
para caber holgada
en la jaula de
madera.

CLXIII. Te abandonas

Te abandonas a las pequeñas
criaturas que te vencen.
Mientras,
escuchas
las campanas
a lo lejos.
Esperas que tu cuerpo
dé un paso adelante
y venza el peso
de las sombras.

V

ALEGRÍA

CLXIV. Esperanza

«La soledad
—el fruto del duro aprendizaje de los años—
me muestra finalmente su sentido».
José Gutiérrez

La esperanza es un arco sin puertas.
Una flor sin espinas,
una dura sonrisa,
después de un tiempo gélido.
Es una noche furiosa,
escondida en el paisaje
distraído
que se disuelve en tu saliva.
La esperanza se
reconoce en tus ojos,
en tus
manos, en tus
dedos, en tu
boca
y en tus entrañas.
No es tibia ni callada,
se resiste a la muerte.
Brilla en la noche
cuando tienes la tentación
de estremecerte.
Fantasea en tu cuerpo erguido
y glorioso mientras aguardas
en la batalla las nubes del próximo
atardecer.

CLXV. El milagro

Te conviertes de nuevo en palabra,
ante el placer de alejarse de la frontera del dolor.
El cielo de tu vida
volvió a ser azul.
En los márgenes
del milagro,
ya con los labios secos y el corazón tan apretado
como una súplica,
entre nubes claras y fantasmas
despechados, te sobrepusiste a la arritmia de
la alegría.
Tu fe te ha salvado.
Dentro de ti
un desconocido huracán te devuelve
al sendero
poblado de bruma,
donde las hadas te llaman.
El horizonte se amplía,
tu vida se agranda.
Puedes durar lo que dura
un latido
o latir lo que dura tu existencia.
Caminas victoriosa sobre el desierto,
con paso firme y espada victoriosa.
Has burlado a la muerte.
Has borrado la sombra que vestida de niebla
acechaba a tu pecho frágil.

CLXVI. Desnuda

«No me da miedo que me pisen.
Cuando se pisa, la hierba se convierte en sendero».
Blaga Dimitrova

Grande es el día
en que te vistes
de nuevo con tu nombre.
Conviertes la luz y el aire
que respiras en una bendita locura.
Locura que solemne te abraza
con el corazón agradecido.

Cuando caminas
se derrumban los cipreses
de tus sueños y las
cúspides del cielo se
esconden.

Tu voz se quiebra
entre suspiros,
tu boca florece.
Tu luz ilumina
el limpio cielo
que a Dios sirve de hogar.

Enamora verte,
deslumbrante.
Con el corazón lleno de sangre circulando.
Regado por la llama
que nombra tu nombre.

Grande es el día
en que te vistes
de nuevo con tu piel
y sientes que vienes liberada
de las últimas pesadillas
que amargaron tus entrañas.

CLXVII. Embrujada

Parece tu presencia
una sonrisa del Creador.
Pareces, mujer,
un cuidado jardín
de terciopelo,
de tiempo
que bendice
tu cuerpo y besa tu aliento.
Desnuda sobre la soledad
caminas,
apenas sin levantar la
brisa que despierta al
viento, que embrujado
te unge.

CLXVIII. El alma sorprendida

Aún crees que esto ha sido un milagro.
No sabes cómo las heridas
se han callado,
desconoces cómo los mandamientos rotos,
putrefactos,
los mismos que han encogido tu alma,
ahora regeneran tu arrasada sonrisa.

CLXIX. Te has rescatado

> «[...] y sólo huele a pueblo con el alba,
> a ruinas de arena,
> a luz deshabitada».
> JAVIER EGEA

Te has rescatado
de tu inexistencia.
A pesar de las barreras
y del límite del tiempo.
Has llegado casi
entera. Imagina las
pisadas sobre la
vereda, rodeada de
cipreses, las
pesadillas,
la estática vida,
la miseria de los sentimientos,
el peligro que te ha rodeado
dejándote sola,
casi muerta.
Imagina el cansancio,
torturado después de la lucha.
Te has rescatado.
Existes en cada instante
que ha superado tu dolor.
En cada momento
que ha cosido tu
boca para que no
grites.
¿Imaginas?

CLXX. ¿Dónde vivir ahora?

Preferible es existir
que comprender el fin.
Tú te bastas para saberlo.
Fuiste un cementerio
de espuma,
un abandono engendrado
en la mente de tu mal.
¿Dónde vivir y amar
después de lo sufrido?
¿Acaso no pareces
ahora un jardín sin flores,
donde las ramas
se lamentan de la libertad
de sus espinas?
Preferible la libertad
a la despedida
de un cuerpo que amanece.
Traspasada por el
tiempo y la medicina
renaces con una corona de esparto.
Embrujada.
Entre cánticos
y sonidos
de un cosmos que te vigila.
¿El tiempo te traspasó
el alma, partió tu vida?
El cáncer, ¿te acercó
al sonido de las estrellas,
al eco del fondo del mar?

Eres una diosa,
una mujer de esparto,
mitad agua mitad tierra.
¿Te ves con la soledad
agrietada, desnuda
como quien vuelve al mundo
desventurada y apestando?
Tu alma es una ensoñación,
tus ojos un bosque encendido,
tus manos tierra húmeda,
tus pies, suspiros.
Tu vida merece lo que tu silencio busca.
Recobrar la verdad que en ti guardas.

CLXXI. Deseos

En mitad de la noche
tus ojeras vuelven,
nombrando
al amor que te acaricia.
Algo se ha incrustado
en tu silencio cerrando las heridas.
El frágil equilibrio
te desnuda.
¿Acaso es tu cuerpo
el que siembra el deseo
de ser eternamente humana?

CLXXII. Estás limpia

Quién te iba a decir que la huella de tu nombre
se abriría en el horizonte y reduciría
sobre el aire fresco que se derrama.

La noticia que sonó al otro lado del teléfono
tembló en tus ojos como hoguera bendita.

—Estás limpia.

El cosmos estalló en tus pupilas.
La suave brisa de las alas del viento
limpió tus ojos de la oscuridad cansina
y temblorosa.
Quién te lo iba a decir.
Que tu alma se llenaría de gozo.
Que la bendita luna se derretiría sobre tu piel,
que la espiga blanca
que sobre tu cuerpo quedó prendida
se convertiría en fruto de futuro.

CLXXIII. Alegría

En silencio resplandeces con la savia nueva
que se gestó en tu no muerte.
En tu alma llovida.
En tu paz soñada.
Renaciste.
En silencio los pétalos que cubren tus pechos
parecen alegres transparencias
que acechan la raíz.
¿Dónde está el camino donde descansa tu alma?
Plena. Iluminada.
Estremecida de una belleza
que hoy se dibuja en tu rostro.

CLXXIV. Floreces

¿Seguirás estando presente en tu presente?
Coronada.
Infinita.
Entre el resplandor y la plenitud que crece
en tus llamas.
¿Tu nombre te proclama consagrada como una
virgen?
O te mostrarás
creyéndote una estrella
que sale de las infinitas lágrimas.
¿Tu alma asciende
sobre tu torso desnudo,
o sangra?
¿Acaso floreces sobre el lodo de tu amarga espera?
Lágrimas de alegría se arrodillan
sobre tu cielo,
pájaros ebrios de gozo invaden
la desnuda brisa que en tus labios se refugia.
¿Seguirás estando presente,
intacta en el retablo
del tiempo que te aguarda?

CLXXV. El hechizo de los cipreses

«Mis pasos en esta calle
resuenan
en otra calle
donde
oigo mis pasos
pasar en esta calle
donde
sólo es real la niebla».
OCTAVIO PAZ

Ya no huele a tristeza.
El hechizo de los cipreses abandonó tu mirada.
La nostalgia de la luna tembló en la boca
que creció en la serena tarde,
cuando supiste que el cáncer había remitido,
que la luz de la sangre brillaba de nuevo
sobre el amor que te ciega.
¿Has remontado tus latidos devastados?
¿Has navegado por tu carne pálida?
Aquí estás, como cascada del firmamento
sobre el tiempo que te abraza.
Escogida de Dios entre el cosmos para volver a latir.
Eres aliento. Eres lo que has sufrido.
Una lágrima de la Virgen descendiendo de tu cruz.
Quebrada como un tallo.
Desfigurada de no morir.
Ya no hueles a tristeza.
Los valles del mundo se abrazan para sentir tu alegría.
Para levantar de tu bruma la fragancia que desprenden.

CLXXVI. Vuelves a ser dueña de tu cuerpo

¿Quieres jugar a seguir estando viva,
a revitalizar los días,
como si en ellos
estuviese escondido
el secreto de los inmortales?
Vuelve a ser dueña de ti.
Permanece en el estado primitivo
que te une al cordón umbilical,
donde gritaste por primera vez.

CLXXVII. La raíz de tu tierra

«En las noches claras,
resuelvo el problema de la soledad del ser.
Invito a la luna y con mi sombra somos tres».
GLORIA FUERTES

Ha pasado mucho tiempo desde que te enfermaste.
Desde que tus manos se arrancaron las pupilas,
para no ver,
y se convirtieron en símbolos mágicos de cristal.
Ha pasado mucho tiempo desde que se instaló en
tu rostro el miedo.
Desnuda has estado.
Sembrada en la tierra.
Sintiendo cómo la raíz te arrastraba adentro.
Has guardado todo tu ser en las ramas de un árbol
herido.
Lugar de sensaciones, donde hoy nace savia nueva.
Hay momentos en que la vida
nos cobra la pasión que anhelamos
y nos paga con ira.
Tu pasión se ha engendrado
en la claridad que desprendes.
Has de olvidar el daño.
Los días de quimioterapia, el llanto.
Quedó atrás la llama que te consume.
Abre los brazos como una mariposa.
La ventana está abierta.
Vuela sobre la soledad de tu destino.

CLXXVIII. Fuiste un castillo en ruinas

Fuiste isla de papel antes que arena.
Solo tierra antes que cielo.
Un mar inmenso, refugio de tus ruinas.
Una luna deshecha. Una paloma sin alas.
Un destino sin camino.
Una puerta cerrada. Un castillo de niebla.
Un reloj sin cuerda.
Un frío sin noviembre. Un pecho sucio con cicatrices.
Fuiste un nombre sin cuerpo.
Una llama que se consume.
Un hecho cierto de pena.
Fuiste del color de la tristeza. Sombra sin cuerpo.
Lugar donde las arañas dibujan su tela.
Fuiste la soledad que en los ojos se olvida.
El precipicio frente a ti. La montaña y su fondo.
Fuiste los ojos que no te miran.
El rostro perdido que se aleja en lugares prohibidos.
Fuiste la pregunta derramada de Yahveh y Asherah.
Los mismos que, por alguna razón,
te hicieron caminar por el desierto.
Fuiste el esparto duro que cubrió tu cráneo
como diosa sin reino.
Fuiste el grito de los inviernos, de las calles vacías,
de madrugadas sin dormir.
El grito de sentirte amenazada simplemente
por la amenaza de no amanecer.
Hoy ya no fuiste.
Serás la luz sobre la luz.
Calma sobre el fuerte paso que desde hoy hundirás
en las huellas de tu camino.

CLXXIX. Las aves bailan

Las aves bailan
sobre la rima
de tu voz.
Han encontrado
de nuevo
el camino
donde
volver
a volar.

CLXXX. Recordarás

A Raquel Alfaro, siempre eres un pétalo en el viento

¿Recordarás tras tantos días los ojos que te inundan
de amor, las manos que te acariciaron?
¿Recordarás cada día la fina línea donde te arrastraron
para seguir cuerda?
¿Recordarás cada día el amor que te han regalado,
las manos que te han sacado de los huecos
donde escondías tu vida?
¿Recordarás cada día que el amor lo vence todo?
No podrás olvidar lo vivido.
El tiempo que te han regalado.
La pasión que todos han puesto en ti.
¿Lo recordarás?

CLXXXI. Superación

A Esther Alfaro por su fuerza

Tú
misma
has
superado
tu
existencia.

Cuando te quedas
el tiempo vuelve
y se desprende de tus espinas.

El corazón late.
Vuelves a ser tú.
Encontrada en tu laberinto.

CLXXXII. El tiempo vuelve

Cuando te quedas,
el tiempo
vuelve a volar.
Se desprende de las espinas.
¿Lo oyes?
¿Lo ves?

CLXXXIII. Entre polvo y lluvia

A mi abuela Carmen, ángel de luz

Agitada despiertas entre sueños de amapolas y girasoles,
bajo un cielo que te inunda con su olor.
Entre las nubes se levanta el latido de tu sonrisa.
¿Quebraste la armadura de la muerte?
¿Has vencido?
El farero vuelve a iluminarte con encanto la mirada.
Te espera un viaje en calma,
donde las corrientes y el viento
te llevan a través del horizonte
sobre un barco, donde Ulises te aguarda.
¿Regresarás al bendito lugar donde se envejece?
¿Donde los sueños brillan en tus manos?
En la tierra, estáis bendecidos.
Sobre las nubes, los que viajarán a un lugar distinto
donde las almas encontrarán la quietud
y la belleza de una ciudad bendita, apartada,
una ciudad que las envolverá en una noche sin regreso.
A vosotras, bienvenidas. A ellas, hasta pronto.

A MODO DE TESTIMONIO

Testimonio de Alejandra Rojas

Una palabra, cuatro letras y un mundo. Siempre te impulsa hacia adelante y justifica tus pasos. Es todo y sin ella no hay nada: es la Vida. Demasiadas veces, entre los pitidos de la quimioterapia, la abrazamos, la mimamos y se nos quiere escurrir por las puntas de los dedos. Es allí cuando la ponemos entre paréntesis. Son momentos vividos entre sus límites, que te paran, te detienen para más tarde volver a la VIDA que siempre late, que palpita.

En esos instantes, nos permitimos sentir lo que nuestro cuerpo expresa, pero en el instante siguiente que termina cerramos el círculo. Sentimos que cada uno de nosotros estamos viviendo un breve instante en el universo. No se finge estar bien: es una gran fuerza interior que surge, que se impone.

¿Aprendes a fingir? ¿A ser sin ser? ¿No te escondes en ti? En realidad, te estás reconstruyendo, aprendiendo a mirar la vida con nuevos ojos, a calibrar el latido de tu corazón con la existencia externa. Las actividades cotidianas, los sabores, el olor del mar, de las flores, de la comida se disfrutan, se redescubren, se instalan en nuestro presente, en nuestro tiempo frágil que atesoramos. Nos hemos transformado en «disfrutones», todo tiene otro sentido más allá de la realidad tangible, más allá de nuestro cuerpo delicado.

El cáncer, esa palabra maldita, es siempre incertidumbre. Nos detiene, nos paraliza, nos encierra una y otra vez, pero trae multitud de aprendizajes que nos hacen mejores personas. La VIDA, ese regalo tan preciado, tiene nuevas connotaciones. La felicidad ya no la buscamos fuera, sino dentro de nosotros mismos, como un estado de consciencia. En el camino se nos presenta el ESPARTO, que nos muestra la dureza, la aridez, la fortaleza y la resistencia. Frente a él, el LOTO, que es la pureza del cuerpo y del alma, con una gran capacidad de sobrevivir en entornos difíciles. He aquí dos elementos tan antagónicos y tan complementarios.

Sentimos la fragilidad de un segundo, pero también la libertad interior de mirarnos y sentir en lo más profundo la fuerza más poderosa que existe. En el horizonte vislumbramos al AFILADOR DE ESTRELLAS, que llega como una mano tendida que ayuda a renacer, como un canto angelical a la esperanza. Asistimos a los claroscuros de la existencia: la incertidumbre, el presente que es, el futuro que tal vez... Todos somos esparto y somos loto: una emoción, esperanza, nacimiento, un canto a la vida.

Testimonio de Dorota Elzbieta (anestesista) y Aquilino López Custodio (escritor)

Describir los sentimientos de una persona que sufre una enfermedad de evolución genética como el cáncer a través de la poesía es de una inmensa complejidad. Jugar con las palabras para expresar las sensaciones harto complicadas de las personas, en este caso las mujeres, otorga a esta parte del libro una excepcional singularidad. Decir lo que se siente frente al espejo, las sensaciones de una enferma luego de sufrir varias mutilaciones por el cáncer, y luego alimentar los deseos de vivir, se desprenden ansias de alargar la vida, manifiestas por ejemplo en la respiración forzosa.

El autor también señala la famosa pena que embarga a las víctimas por la tortura y delirio de señalarse a sí mismas como culpables de su situación. No hay lugar para esconderse: Juan Manuel Navarro nos habla del momento en que las enfermas tratan de huir del dolor mientras las personas a su alrededor lloran su «muerte en vida». Y cada amanecer para estas personas, encontrar que el despertar acontece cada mañana, se encuentran vivas, les arranca una sonrisa para luego volver a la cura y tratar de borrar las cicatrices con diferentes métodos, y eso es sufrido cada día.

Cuando las curas son positivas, esto enseña que al principio solo con estar ya es suficiente; cómo el ser humano se aferra, no solo a la vida, sino a la esperanza, y cómo, por cualquier ideal, crecen las ansias de vivir y ocupar todos los rincones del mundo. Pero Juan Manuel, como persona sensible, no olvida que el miedo permanece detrás de la oreja: la tristeza no desaparece por completo para los que sufren este padecimiento, pues saben que en algún momento la historia se repetirá y les vendrán a buscar. Aquí comienza el infierno, al experimentar que la inmortalidad no existe. Pero no importa: en algún momento tendrán que sentarse a meditar y pensar cómo volver a reconstruir su vida interior para dejar que los rostros de los demás les vuelvan a acariciar.

Testimonio de María Noel Teperino Anchordoquiz

Por siempre a mi mamá, 5 de octubre de 2023

Llegamos temprano aquel jueves al hotel de Portocolom. Un nuevo día haciendo música junto a Edu. Bajamos de la furgoneta cargando nuestros equipos entre conversaciones y risas, contando ambas historias de esa semana que había pasado. El móvil suena, acaba de entrar un mensaje de WhatsApp. Mi mente, que por un momento había desconectado del tema, vuelve a estar alerta al ver que era de mamá. Algo así como un pellizco se instala nuevamente en el medio de mi pecho. Tu voz, mezcla de tranquilidad fingida, pausada, más bien resignada, me cuenta que los resultados de la tomografía no han sido buenos. Hay manchas en los pulmones, hígado... Hay metástasis. Me pide que, por favor, no me vuelva loca, que ella se siente fuerte y papá también. Que no cambie mi pasaje de diciembre para antes porque no pasa nada. «Que la realidad es esta y hay que aceptarla, María Noel»... Pero pienso mientras la escucho... ¡Hay metástasis, Dios mío! Me siento morir. Camino sin sentido hacia el mar que ruge contra las piedras de la cala, a un paso de nosotros. La llamo. 10259 km de distancia separan Mallorca de Montevideo. Su voz al contestar vuelve a ser tranquila, pausada... resignada. Vuelve a pedirme que no vaya antes porque todo va a estar bien. Que espere a diciembre como teníamos planeado con Pepe. Mi mente no para. Mi madre se muere. Falta un mes y medio para que haga el año de su operación de colon. Uno de los dos tumores que sacaron estaba alojado encima de un ganglio, cosa que no gustó a los médicos. El corte en el colon y la extracción de esa parte de este fueron en una zona determinada que la afectaría durante el resto de lo que le quedaría de vida. Pude acompañarla en la intervención y en el posoperatorio allá por mediados de noviembre de 2022. Poco tiempo después comenzó dos sesiones de quimioterapia «preventiva» que casi acaban con ella. Optaron luego por un control exhaustivo cada tres meses para controlar valores tumorales, tomografías, fibrocolon, etc., y de alguna manera pudo seguir haciendo una vida relativamente normal. Siempre fue una mujer menuda, más bien bajita. Era preciosa mi Nelli. Pero todo aquello la agredió tanto, y aun así aquel cuerpo resistía y resistía. Se levantaba una y otra vez. Y mi padre... siempre a su lado. Llevaban cincuenta años juntos. Los cumplieron justamente en el 2023... en su último año. Ella siempre me decía: «¡Cuánto me cuida papá!». ¡Qué orgullo sentía de aquel hombre que tanto amaba! Ojalá tuviera palabras para describir lo que fue para mí vivir la enfermedad de mamá desde lejos. Hacía diecisiete años en ese momento que estaba en España con mi vida entera montada... con Pepe. Pero fue en mayo del 2023 cuando comenzó con los dolores en la cadera izquierda y todo cogió otra dimensión. Poco tiempo después, mi padre me llamó para decirme que ya no sabía qué hacer para no verla más así. No eran habituales las llamadas por su parte, y aunque no teníamos una mala relación, mamá era el nexo entre ambos realmente. Por eso aquello me impactó tanto que sentí muy profundamente que en realidad nada iba bien. Que se iba acumulando una cosa tras otra sin poder dar solución real a ninguna. Cada día, al hablar con ella al mediodía y a la noche, podía percibir su dolor y a su vez su lucha. Y digo que lo percibía porque ella jamás claudicó, no se dejaba caer. A veces, sentía temor al llamar porque no sabía cómo iba a estar o cómo había pasado la noche. Solo quería que volviera a vivir tranquila... que no fuera a más. Sus valores tumorales dieron bien hasta junio del 2023, pero en la siguiente revisión a fines de septiembre mostraron que algo ya no estaba bien. Tomografía de urgencia y la tan temida palabra: metástasis. Estar lejos es estar con la mente en donde vives y el corazón en Uruguay y otro día con el corazón aquí pero con la mente allí. Desde que mamá enfermó, viví con la sensación de estar con un pie en Mallorca y otro en el avión durante todo ese tiempo. Eso influía en mi vida en todos los aspectos: laborales, proyectos y, ni qué decir, con mi pareja, en nuestros planes en común más inmediatos y más lejanos, porque tampoco sabía cómo se podían desarrollar las cosas. Lo único que tenía claro era su total apoyo en cualquier decisión que tomara, y eso me daba un respaldo enorme. Tenía clarísimo que a la primera de cambio salía para Uruguay a como diera lugar. Solo quiero decir que no es lo mismo vivir estas circunstancias estando lejos que estando en el mismo lugar. Es realmente tremendo. Volé a Montevideo inmediatamente después de ese jueves 5 de octubre. El 9 estaba allí para poder acompañarlos en la visita a la oncóloga ese mismo día a la tarde. Cuando llegué a casa de mis padres, encontré a mamá en la cama, tan dolorida... casi no podía moverse. Llegué temprano a la mañana. Apenas estaba despierta, pero su sorpresa se vio reflejada en su sonrisa. «Sabía que ibas a venir, corazón»... ¿Y cómo no iba a ir, mamita? Apenas podía moverse al baño... apenas comía. Llevaba puesta una bomba de medicación directamente al estómago que le colgaba como un pequeño bolsito. El dolor en la cadera izquierda la hacía dormir siempre para el lado derecho. Me daba tanta pena imaginarla mirar horas para el mismo lado.

¿Siempre hacia el armario que llevaba cincuenta años en su dormitorio, al ladito de su cama, pensando en cuánto tiempo le quedaría de vida? ¿Para quién es justo vivir eso? Se me rompe el corazón hasta el día de hoy al imaginarla asumiendo esa tremenda realidad a la cual debía enfrentarse ella... solo ella... porque la muerte es así de intransferible. Pobre mi madre, por Dios...

¿Por qué le tocó vivir esa enfermedad espantosa con ochenta y tres años? ¿Cómo asumir que tu mamá va a pasar por eso y que no hay solución? ¿Cómo asume mi padre que su compañera de toda la vida se irá y de esa manera? ¿Qué va a pasar con mi padre cuando se quede solo? El mundo gira sin control. La Dra. Cagüel habla claro con ella, con papá y conmigo en la consulta. Hay presencia de tumores en pulmones, hígado, colon y el panorama es todo menos alentador. Se puede volver a hacer quimio, pero no es seguro que funcione por la experiencia negativa del año anterior y porque ahora el cáncer está presente por otras partes del cuerpo. Ella no puede estar sentada por más tiempo allí en la consulta, no aguanta los dolores, pero aun así asume lo que le llega de información, sigue siendo educada... en ningún momento muestra flaqueza. Pero no puedo imaginar lo que pasa por su mente. Su vida se termina... ¡lo está escuchando! Solo sé que quiero echarme a llorar allí mismo, a gritar que NO... que por favor, que todo eso pare, que algo tiene que poder hacerse; pero no puedo, ¿cómo hacer eso si mi madre aún tiene fuerzas para consolarnos a nosotros?

Al día siguiente hubo que ingresarla en el hospital. No puede seguir viviendo con ese dolor insoportable. Le pasan mucha medicación y poco a poco le empiezan a dar morfina. La doctora de Emergencias me lleva aparte de mis padres y me sienta frente a un ordenador. Me muestra varios informes médicos internos donde dice que el cáncer que tiene mamá es de los más agresivos, por eso las ramificaciones han sido tan rápidas. Sus palabras fueron muy claras: «A tu mamá le quedan de dos a tres meses». ¿Cómo se maneja esa información? ¿Cómo se asume eso? ¿Cómo se vuelve al lado de ella sin ahogar el grito de impotencia, el llanto, el abrazo más grande que pueda para no soltarla nunca más? ¿Cómo se mira a tu padre sin decirle por ahora lo que te han dicho? ¿Cuál es el mejor momento para decírselo? Regreso a Mallorca por unos días para cerrar temas de trabajo y volver a Montevideo lo antes posible. Siento cuando me voy que poco a poco ya la voy perdiendo. Le faltan palabras al hablar, su mirada es otra. La morfina ya la empieza a sacar del ambiente poco a poco. Sigo hablando día a día con ella, todas las veces que puedo, porque está mucho tiempo dormida. Cada día retrocede un poco más. ¡Cuánta impotencia me da eso, por favor! Es como perderla mucho antes del poco tiempo que le queda. Regreso a Montevideo. No puedo describir con palabras lo que sentí en ese vuelo hacia allí. Miedo, impotencia, rabia, la tristeza más profunda, la desazón de saber que ese viaje iba a ser para despedirme de ella. Es imposible prepararse mentalmente de antemano para la muerte de tu madre. No tengo palabras para describir ese sentimiento. Escribo esto y aún lloro, porque jamás podré darle cabida a algo así. Mamita ya no era ella. Demacrada... completamente amarilla... pesaba menos de cuarenta y cinco kilos. Ya no comía, no iba al baño por su cuenta... Y apenas me conoció cuando volví aquella mañana... solo tenía momentos muy cortos de lucidez. Hablamos con mi papá de muchas cosas... De repente estábamos él y yo, mano a mano, después de treinta y un años que hacía que me había ido de casa de mis padres a vivir sola. Él me dijo que sería un huérfano cuando ella partiera... se preguntaba qué sería de él de ahora en más... Y yo me hacía la misma pregunta, porque, más allá de no residir en Montevideo, era el hecho de que se quedaba solo aunque yo hubiera vivido en la casa de al lado. Había que resolver muchas cosas que son las cosas que jamás quieres ponerte a resolver. Después de mucho pensarlo y pensarlo, le pregunté si quería que mamá muriera en casa o en el hospital. No podía ni pronunciar esas palabras. ¿Cómo era posible que le estuviera preguntando eso a mi padre? Él decidió que en el hospital... Ese mismo día, la gente de Paliativos dio la orden de llevarla a ingresar nuevamente. Ya no podíamos hacerla comer, ni ir al baño, ni calmar los dolores. A la mañana siguiente vino una ambulancia a buscarla. La bajaron sentadita en una silla de ruedas por la escalera. Había abandonado su casa de cincuenta años por última vez y no sé con certeza si ella era consciente de eso... espero que no. Su casa querida donde fue tan feliz con mi padre y conmigo. Donde me llevaron a los tres días de nacida y ella pudo ver realizado el sueño de ser mamá y tanto me inculcó. Donde trabajó como modista. ¡Tenía tan buen gusto y era tan buena en lo que hacía! Su casa, donde sonaban discos de pasta todas las mañanas para hacerme escuchar buena música: The Beatles, Piero, María Elena Walsh, Los Olimareños, Chopin, música clásica. Donde sonaba el piano que me compraron a los siete años y ella amaba escucharme tocar. Su casa querida, a la que en cada uno de mis cumpleaños venía toda la familia y amigos, éramos más de cincuenta personas, y ella cocinaba junto con mi abuela todo aquello casero. Dejaba su casa para no volver nunca más... Ingresarla era asumir totalmente que no saldría con nosotros de aquel hospital nunca. Más morfina para los dolores... Su cuerpo que se iba transformando... Su pecho comenzaba a llenarse de ruidos. El miedo de que cada día fuera el último. Las noches enteras de la mano. El 18, Pepe tomó un vuelo para Montevideo para acompañarnos en aquellos momentos. Le quedaban días a mamá. No tengo palabras para agradecerle que haya cruzado el mundo para estar conmigo en esos días. Fue mi mayor pilar. Mamita, aquel domingo 19 de noviembre recibiste muchas visitas en el hospital y cenaste como hacía meses que no lo hacías. Conversaste bastante bien en comparación con los días anteriores con todos y hasta reíste. Pero en un momento le dijiste a María Nelly que ahora veías el humo blanco bien cerquita tuyo... encima de tus piernas. Nos miramos y supimos que el final estaba cerca. Esa noche se sumió en un sueño del que ya no despertó. Estuvo cinco días agonizando. Cinco días en los que pasaron muchas cosas en su cuerpo que no voy a contar por aquí. Solo puedo decir que ya no era su cuerpo... le pertenecía al cáncer. Esa enfermedad podrida hace perder la dignidad a las personas. Se las come por dentro.

Aquella mañana del viernes 24 de noviembre, mi papá y yo pedimos hablar con Paliativos. Una doctora nos llevó a la salita frente a la habitación en donde estaba mamá. Fue la conversación y la decisión más difícil de nuestras vidas. Dejarla partir y pedir que la ayudaran en el proceso. Todos esos días anteriores le pusimos música, le hablamos al oído. Le dijimos que la amábamos, que había sido la mejor madre y esposa del mundo. Que se fuera tranquila, que descansara. Que ella viviría en nosotros por siempre. Cinco días de la mano sin sentir un solo movimiento en respuesta. Cinco días atrapada en un cuerpo ayudado por un respirador. Vinieron mis amigas de toda la vida a despedirse de ella, a acompañarnos. Mis primos, tías, amigos, la doctora Cagüel. Ya no había vuelta atrás, le habían colocado en uno de los sueros el cóctel a primera hora de la tarde. Sería cuestión de horas. Aquella noche nos quedamos papá, Pepe y yo a su lado. Su respiración era cada vez más profunda y larga. Papá, recostado en un sofá cama a su izquierda, dormitaba agotado, y yo a su derecha, sosteniendo su mano. Pepe, muy cerca. Como si se hubieran comunicado con él de alguna manera, mi padre se levantó de repente y también la cogió de la mano, le dio un beso en la frente... fue su último respiro. Se fue tranquila, se fue en paz. Eran las 00:00 del 25 de noviembre del 2023. Mi mamá jamás se quejó. Nunca habló de su partida, de sus miedos, de no ver nunca más a papá, de la idea de dejarlo solo, de no verme más. Nunca lloró delante de nosotros. Se fue con dignidad, porque ella no le dio el gusto a la enfermedad de que le ganara a su espíritu. Y se fue exactamente un día antes del 26 de noviembre, el día de mi cumpleaños. Nosotros pedimos que terminaran con su agonía en el acto de amor más grande que existe y a su vez el más doloroso y tremendo por el que tiene que pasar una persona. Pero estoy convencida de que mi madre me dio la vida un 26 de noviembre y se fue realmente el mismo día cuarenta y ocho años después, cerrando un ciclo que nos mantendrá unidas por siempre. Eso hace que, hoy por hoy, ya no le tenga miedo a la muerte, porque sé que ella me está esperando y vamos a volver a estar juntas. Desde ese momento, hasta el día de hoy, me cuesta asimilar el concepto del «nunca más»... No volver a hablar con ella, no volver a verla, no poder contarle cosas, no saber dónde está. Sigo sintiendo la necesidad física de llamarla porque mi mente me lo pide. Necesito aunque sea soñar con ella y pensar que me visita, aunque sea en sueños.

Saber dejar ir para terminar con el sufrimiento de alguien, en este caso de una madre, es tremendamente difícil de asumir y vivir con ello. Porque detrás de toda esta historia estuvo Nelli Mavel —así, Nelli con i latina y Mavel con v—, y fue una mujer excepcional. De fuertes arraigos familiares, amiga de sus amigos, con unos valores que ya poco se ven. Amó y respetó a mi padre desde el primer día que lo conoció en una boda en el año 1972 hasta el día de su partida. Junto con él me buscaron por varios años hasta que llegué a sus vidas. Me cuidó durante mis primeros once años de asma con todo el amor del mundo. Llevo aún en mis oídos las palabras y gestos de cariño con los que me despertaba cada mañana a pesar de no haber dormido nada durante mis eternas noches de ataques de tos. Responsable y cumplidora en su trabajo. Entusiasta y viajera como buena sagitariana que era. Siempre tenía una buena palabra para todo el mundo y allá iba ella para quien lo necesitara. Y yo no quiero que su vida se olvide jamás. Tan efímera nuestra existencia, me encargaré de que, por medio de mi cuerpo, de mis palabras, ella siga existiendo. Ella vive en mi ojos cada vez que me miro al espejo, en mi pelo, en mis gestos. Pero la crueldad del cáncer no mira a quién, no importa quién. Es una tremenda ola que pasa por arriba a quien desgraciadamente le toca y a todos a su alrededor, destrozando a todos sin poder hacer nada... absolutamente nada. Ojalá ni mi madre ni la madre de nadie, ni nadie, tuviera que pasar por eso. Gracias, mamita, por darme tus alas para volar. En esta vida y en todas te elegiré siempre como mi mamá.

P. D.:Respecto al humo blanco, poco tiempo atrás, después de saber que tenía metástasis, y aún sin recibir morfina, había visto en el patio trasero de su casa una especie de nube blanca que creyó que era humo de alguna casa cercana. Lo volvió a ver días después en la ventana de su dormitorio, que estaba en el piso de arriba, y se lo contó en confidencia a su sobrina María Nelly, que era como una hija para ella. Nelly le preguntó qué pensaba que era, ya que mi madre era una mujer muy escéptica, y ella le contestó: «Y, nena..., ya sabes». Nosotras hemos hablado mucho del tema y sabemos que fueron sus padres, hermanos y hermanas, que la estaban viniendo a buscar.

EPÍLOGO

Después de haber leído *La mujer de esparto,* es difícil no sentir cierta zozobra y vértigo.

Nos reconocemos mortales en la enfermedad, pero el mundo siempre ha tratado de silenciarla, como si hablar de ella fuera la forma de invocar, de atraerla. La muerte y la vida se constituyen en la textualidad de base de este poemario.

El poeta presta su voz en un ejercicio valiente a las enfermas. No es fácil ponerse en la piel de quien sufre dolor y deterioro, no es suficiente la observación para transformar en poesía un hecho tan íntimo. Por eso Navarro Alfaro pregunta con una alta dosis de empatía a las que viven esta experiencia traumática.

Con versos cortos y afilados como una aguja ha cosido la herida, ha señalado cada uno de los puntos de sutura en las cinco partes que dividen el poemario:

«El tiempo se detiene» cuando la mujer toma conciencia de su enfermedad. La enferma ha de plantearse el futuro a muy corto plazo, aun cuando las posibilidades de vivir sean las mismas que las de cualquier persona sana. La enfermedad la ocupa, tras la fase de incredulidad, de rabia y de miedo, su superación es algo crucial en ese momento.

«El alma herida» es la fase del dolor físico y psicológico al que se enfrenta con cada intervención y tratamiento.

«Volver a construirte», porque la persona que pasa por una enfermedad grave ya no es la misma. La vivencia le hace replantearse infinidad de cuestiones, las prioridades cambian.

Después viene «Crisálida», la incertidumbre y el miedo de lo que pueda ocurrir después, la curación o la recaída.

Finalmente, la «Alegría», esa etapa final y esperanzadora de quien ha logrado superar la enfermedad.

La mujer de esparto es la metáfora de la fuerza, la capacidad de adaptación, la resistencia y supervivencia en un escenario árido y hostil. El lazo de esparto podría, con toda justicia, sustituir al de color rosa como símbolo de la lucha contra el cáncer.

El lenguaje poético es el que inventamos para expresar lo inasible: ese sentimiento que nos conmueve hondamente y que se ve desvirtuado si tratamos de explicarlo con otro lenguaje que no sea este. Por eso este poemario es tan necesario, porque pone negro sobre blanco emociones y sentimientos de una realidad devastadora, pues el fenómeno catártico es siempre liberador.

Carmen Hernández Montalbán
(poeta y novelista)

ÍNDICE

II. EL ALMA HERIDA

III. VOLVER A CONSTRUIRTE

IV. TU APOCALIPSIS

***

A MODO DE TESTIMONIO

Este libro se terminó de editar en Granada
en febrero de 2026 por

www.aversopoesia.com
hola@aversopoesia.com